B杜極短篇故事集（301～400）
A WORD TO THE WISE（TALES 301~400 IN TRADITIONAL CHINESE CHARACTERS）

B杜

Copyright © 2022 by B杜

All rights reserved.

No part of this book may be reproduced in any form or by any electronic or mechanical means, including information storage and retrieval systems, without written permission from the author, except for the use of brief quotations in a book review.

British Library Cataloguing-in-Publication Data. A CIP catalogue record for this book is available from the British Library.

ISBN 978-1-913080-81-5 (ebook)
ISBN 978-1-913080-80-8 (print)

For my Family

(301)

電視臺推出一項名為《叢林極限生存挑戰賽》的節目,由城中富豪傑夫贊助。該競賽還未開始就引起轟動,因為獎金高達兩百萬美元。

經過淘汰賽,有十位選手進入總決賽,其中就包括麥可,他是前世界鐵人三項賽的亞軍,奪冠的呼聲很高。

為期十天的競賽險象環生,他們一行人曾遇到過叢林瘴氣,差點兒中毒身亡;也曾遇到山洪瀑,從山頂沖刷下來的泥石流甚至帶走其中兩位選手,到現在依舊下落不明;另還有突來的塌方和動物襲擊,最後只剩六人走到最後,而第一個抵達終點的人就是麥可,他的勝利實至名歸，全國觀眾都見證了他的果敢與不屈不撓。

"恭喜你獲勝！"傑夫伸出手和他握了握，"對於兩百萬美元的獎金，你有什麼計劃？"

"目前還沒想到。"

"我給你兩個選擇，一是按之前說好的，你拿著兩百萬美元回家去；二是馬上原路返回，當回到起點時，我給你一千萬美元。提醒你一點，如果你選擇後一項但挑戰失敗，那麼你的獎金將歸零，一分也沒有。"

經過十天的餐風露宿，麥可已經疲憊不堪，他現在最想做的便是洗個熱水澡，吃頓好的，然後上床睡覺。然而一千萬美元的誘惑實在太大，如果拿到了，他下半輩子完全可以不用再為錢煩惱。

考慮了半個鐘頭後，麥可決定接受挑戰，可是負責跟拍他的攝影師不幹了。

"我扛著15斤重的攝影機爬上爬下容易嗎？"他怒髮衝冠，"起碼也得讓我洗個熱水澡，吃頓好的，再上床睡一覺。"

(302)

西元2051年,全球進入元宇宙,只要戴上頭顯,再連接終端機,就能以虛擬分身的方式進入由計算機模擬好的虛擬世界。

為了擁有更佳的體驗,梅芳斥巨資買下最新款的VR一體機,它無需藉助任何輸入或輸出設備,同時也不受數據線的束縛(可以自由活動),堪稱完美!

"這下好了,全家的太空旅行算是泡湯了,妳到底有沒有想過我和孩子們的感受?"梅芳的老公大發雷霆。

買VR一體機時,梅芳也曾猶豫過,最後還是敗給自己的私心。

"對不起，我答應從現在起不再亂花錢，明年的中秋節我們照樣能上外太空。"梅芳答。

"妳總是這樣，我感覺妳的心根本不在這個家。"她的老公哀嘆一聲，"罷了！我帶小齊、小欣去我爸媽那裡，妳自己在家好好反省，如果真過不到一塊兒去，該辦手續就辦手續吧！"

大門關上後，梅芳陷入五里雲霧裡，但只一會兒的工夫，她便將煩惱拋到九霄雲外，開始走進與現實世界平行的模擬時空內……

"妳來了。"她的搭檔尼森說。

"是的。"

"今天的任務是解救納國總統，他被烏卡拉政府給囚禁在太平洋的某個小島上。"

"收到了，武器呢？"

"已經備妥，現在就能出發。"

經過重重的艱險與障礙，他們最終克服困難，解救了納國總統。

"梅芳,妳太了不起了!"尼森說。

"哪裡,沒有你,我完成不了任務,"梅芳摘下防護頭盔,"我該走了。"

"能不能別走?見不到妳,我的心無處安放。"

從過去幾個月的相處中,梅芳隱約感覺到尼森的愛意,他是她見過最具魅力的男人,只是沒想到他會在如此猝不及防的情況下向她表白。

"我……我不知道。"

"妳當然知道。"尼森上前擁抱她,"我愛妳,至死不渝。"

梅芳的老公和孩子們在兩天後進門。

"爸,媽不理我。"小齊說。

"她好像睡著了。"小欣說。

男人走進書房,發現自己的老婆戴著頭顯躺在地上,身體已經僵硬,但嘴角有一絲笑意。

(303)

有個影子與主人走失了,它整天惴惴不安,像失根的浮萍。

幾天過去後,主人仍無消無息,它心想總不能這麼乾等下去,於是主動尋找。

它首先來到大草原,發現了幾隻獅子,其中一隻沒有影子。

無主影子太開心了,馬上飛奔過去,沒料到原本趴著的獅子卻忽然站起來。

"原來它有影子,就在腳底下。"無主影子洩氣地說。

它接著來到河邊,貌似水裡的魚都沒有影子。這個新發現鼓舞了無主影子,它馬上下水，結果錯了，只要潛得夠深，水下萬物皆有影子。

雖然失望，不過也不是一無所獲，因為魚兒告訴它白雪皚皚的世界裡沒有影子。

聽到這個消息，無主影子馬不停蹄地趕往北極，可是……又錯了。

精疲力盡又極度絕望的無主影子忍不住坐在雪地裡哭泣。北極熊走過來，問它出了什麼事？

"我……我與主人走失了，怎……怎麼也找不到。"無主影子抽抽嗒嗒地答。

"別哭，讓我看看。"北極熊仔細打量它，"根據你的體形，你的主人應該是人類，而且是個男的，平頭，左耳戴著一個蛇形耳環。"

聽北極熊這麼一說，喚起了無主影子的記憶，它依稀記得有這麼一個耳環。

從此，無主影子有了"比較清晰"的目標，它踏遍千山萬水，就為了尋找左耳戴著蛇形耳環的平頭男子。

某天，鷺鶴告訴它："我知道哪裡有你想找的人。"

於是無主影子跟著鷺鶴來到一個廣場上，果然在噴水池旁看到左耳戴著蛇形耳環的平頭男子，那人的腳底下沒有影子。

"這是不是你的主人？"鷺鶴問。

"不是，我的主人是一名成功人士，不是行乞者。"答完，無主影子頭也不回地走了。

廣場上的這名行乞者叫納非，為了找尋遺失的影子，散盡家財，最後淪為乞丐……

（304）

趙默凡參加一檔綜藝節目《催眠大師》，由屢受爭議的戴博士對他施予催眠，看困擾他多年的失眠症能否治癒。

一切都進行得非常順利，當催眠結束後，戴博士頗具信心地說："這位先生今晚就能睡個好覺。"

由於下禮拜還要重返節目現場，工作人員在趙默凡的房間內裝上攝像頭。

錄相顯示第一天晚上趙默凡輾轉反側，而且貌似頻尿，幾個小時後才進入夢鄉。以後數天，情況越來越好，有時頭一沾枕就能入睡。

這個結果大大振奮人心，同時也打臉質疑戴博士的人。

"很明顯這個催眠是成功的，趙先生，您有什麼話要說？"主持人問。

"我想說……那個監控攝像頭像一雙眼睛，讓我更加睡不著，後來我和我弟交換房間了。"他答。

（305）

馮亞文被公司派到哥倫比亞擔任區域經理一職，每當午飯過後，他總喜歡到辦公樓附近的咖啡廳小坐一下。

這一天，當他邊喝咖啡邊看窗外風景時，身後兩個女人的對話吸引了他的注意。

" 我的中國男友好愛我，可惜我們不得不分手。"

" 為什麼？"

" 他說我的生肖屬鼠，他的生肖屬貓，貓吃老鼠，代表我們的結合會危及到我的生命。為了保護我,他不得不忍痛離開我。"

"哇!他真的好愛妳,希望我也能遇到那樣的好男人。"

……

馮亞文聽了想笑,這是他聽過最狡猾的藉口,同時也心生好奇,到底是哪隻恐龍能讓男同胞避之唯恐不及?沒想到這一望便是一眼萬年,"明眸皓齒,豐肌秀骨"已經不足以形容眼前這位尚顧影自憐的女人。

他壓抑了好幾天,最後還是敗給了自己的荷爾蒙,當再一次遇到女神時,馮亞文毫不猶豫就展開追求。這一接觸,壞了,彷彿粘上橡皮糖,甩也甩不掉。

"親愛的,你在哪裡?"他的女友問。

"在公司加班。"

"你讓你同事接電話。"

"何必呢?我說加班就是加班,妳怎麼不信?"

"那好,我這就過去,到時你從窗戶探出頭來,我好確認你真的在加班。"

……

這樣的緊迫盯梢,是個人都受不了。

終於在一個落葉飄零的午後,馮亞文決定終止這一切。他把女友約出來,很掏心掏肺地說:"親愛的,妳的生肖屬鼠,我的生肖屬貓……貓頭鷹,貓頭鷹吃老鼠,代表我們的結合會危及到妳的生命。為了保護妳,我不得不忍痛離開妳……"

（306）

有個漁夫捕到一條美人魚，他把她帶回家，養在池塘裡。

美人魚害怕極了，嗚嗚嗚地哭泣，掉下一顆又一顆的珍珠。

漁夫太太一看大喜，把珍珠收集起來拿去賣，可是珠寶商卻說這些珍珠都太小了，而且形狀各異，完全沒有收購價值。

"你都收哪類珍珠？"漁夫太太問。

"當然是又圓、又大、又亮的。"

漁夫太太回家後馬上命令美人魚哭，而且必須哭出又圓、又大、又亮的珍珠來。

也許已經沒有初來乍到的恐懼，美人魚一滴眼淚也沒掉。

這可不行！

漁夫太太立即拿來魚叉跳進池塘裡，打算讓美人魚皮開肉綻，如此一來，還怕她哭不出來？

當黑夜降臨，漁夫發現自己的老婆不見了。他到處尋找，最後來到自家的池塘邊，發現美人魚趴在那裡哭泣，魚尾巴還泡在水裡。

"妳怎麼了？"漁夫看著地上晶瑩剔透的珍珠問。

"我好難過，"美人魚的眼眶又滾出一顆珍珠來，"如果不是難過到了極點，我哭不出又圓、又大、又亮的珍珠來。"

"妳為什麼難過？"漁夫又問。

美人魚望向池塘正中央的位置，月光下，那裡好像飄浮著什麼……

（307）

今天陽光明媚，小野的心卻被烏雲籠罩，他感到好壓抑，很想把多年的計劃給實施了，只是還有些許猶豫。

"這樣吧！如果去往大橋的路上有人對我微笑，我就取消計劃。"他心想。

主意一打定，他穿上最喜歡的黃外套和耐克跑步鞋，還把頭髮梳得整整齊齊的。

從小野的家到大橋約一公里路，他打算步行前往。走著走著，他遇到一個挑著擔子的大媽。

"小伙子，買紅莓不？"大媽粗聲粗氣地問。

"我沒帶錢。"

"沒錢就待在家裡,出來幹嘛?"

大媽沒對他微笑。

第二個遇到的是一對母子,看樣子像趕著上課,男孩身後還背著琴盒。

那母親形色匆匆,肯定不會對小野微笑,但男孩會不會?

小野盯著男孩瞧,結果男孩對他吐舌頭,一副厭惡的表情。

走到十字路口,小野發現有個老人躺在地上,趕緊上前扶他一把。

"來人啊!撞人了。"老人喊著。

"我是好心扶你,再說了,我是行人,拿什麼撞你?"

"我不管,你一定是撞我了,否則為什麼扶我?"

看一時扯不清,小野用力掙脫老人緊抓的手,拔腿就跑。

當他氣喘吁吁地來到大橋上,陽光依然燦爛,但小野的心更加灰暗。沒人對他微笑,一個也沒有,看來死亡是命中注定……

此時，一陣強風襲來，小野忍不住閉上雙眼。再睜眼時，他發現護欄上插著一朵小黃花，正迎風搖曳。

"是你在對我微笑嗎？"小野問。

小黃花前後擺動，像在回應他的問話。

本報訊：昨日嘉立大橋發生跳河事件，高中生江原野被發現時已無生命體徵。據撈屍人說，這是他第一次看到帶著微笑的遺體……

(308)

很久以前,張三娶了一個老婆,剛開始還平靜,後來兩人爭吵不休,張三很苦惱。

很久以前,李四娶了兩個老婆,一開始就不平靜,兩個老婆整天爭風吃醋,李四很苦惱。

很久以前,王五娶了三個老婆,一開始不平靜,後來相對平靜,因為三個老婆變成兩個陣營,如何拉攏第三人成了老婆們的首要任務,王五沒那麼苦惱。

……

很久以前,楊九有個龐大的後宮團,他不清楚背後是否平靜,只知道每個老婆都使盡渾身解數討他歡心，楊九一點兒也不苦惱。

（309）

焉國的王儲流連於美色之中，終日尋歡作樂，對國事完全不上心。

老國王看在眼裡，急在心裡，改立公主為王儲的念頭與日俱增。

"陛下，合馬王子是您的唯一子嗣，如果把王位傳給雪通公主，怕會引起宮亂。"

"總管有何高見？"

"何不把王位傳給您的長孫——克里王子？他是合馬王子的親兒子，虎毒不食子，引起的紛爭最小。"

老國王心想克里王子雖然未成年，但個性沉穩，的確比他的父親靠譜多了。

"行，擇個良辰吉日宣佈吧！"老國王下令。

結果風聲走漏，合馬王子先下手為強，把老國王和克里王子軟禁起來（那個出餿主意的總管則被凌遲，死狀甚慘），自己迅速登基，同時宣佈有智力障礙的二兒子為王儲。

接下來的28年裡，宅焉國經歷了史上最黑暗的時期。當這位淫亂、殘暴且不關心百姓死活的統治者一去世，智障王儲迅速登基，全國上下無不擔憂這個傻子國王會帶來更多的災難。

然而事實證明傻子國王並不傻，他一步步將宅焉國帶向富足安康的道路，所以當國王的40歲誕辰來到時，全國人民自主走向王宮前的廣場，高喊："國王萬歲、萬歲、萬萬歲。"

傻子國王看到黑壓壓的人群，高興得手舞足蹈。

"今天記得給我弟加餐，他喜歡吃雞腿。"一位神祕人說。

"是的。"總管畢恭畢敬地答。

(310)

自從老公意外身亡，一直都是他的好朋友程曉冬在照顧自己，流言蜚語也隨之而起。

"對不起，讓你受委屈了。"魏雪蔓說。

"哪裡，張祺的事就是我的事，嫂子不用放在心上。"

兩年過去後，程曉冬向魏雪蔓求婚。考慮再三，魏雪蔓答應了。

新婚第一晚，程曉冬就搬到書房，理由是害怕自己打鼾的聲音會影響到妻子的睡眠。

"張祺睡覺打鼾嗎？"魏雪蔓問。

"這個……"程曉冬紅了臉,"妳不知道嗎?"

"不知道。我和他結婚的第一晚,他也搬到書房,理由也是害怕打鼾的聲音會影響到我的睡眠。"

見程曉冬沉默不語,魏雪蔓說她就想知道答案,這個對她很重要。

"沒有,張祺睡覺從不打鼾。"程曉冬終於承認。

等自己的二婚老公離開後,魏雪蔓淚如雨下,獲得真相的代價可真大。

（311）

窮人向精緻招手，精緻說："滾一邊去，我要找的是長期客戶。"

（312）

布朗總統有潔癖，但他從不當面抱怨，而是告訴管家，以致官邸上下無不對管家的苛刻怨聲載道，但表面上還是做到唯命是從。

這一天，布朗總統在花園裡散步，忽然發現一隻蜘蛛，他把正在一旁修剪花木的園丁叫過來，說："這是狼蛛，它們像狼一樣追逐獵物，因而得名。這種蜘蛛雖然少有攻擊性，但能分泌毒液，所以還是有一定的危險性……"

園丁心想總統先生可真親民，待他完全不端架子，當初投票沒選他，真是看走眼了！

40歲時……

50歲時……

60歲時，王小健成了動物保護協會的一員，在他的不懈努力下，挽救了許多瀕危動物。

聽說王小健的故事後，有記者致電採訪，問他為何前後判若兩人？

"某天我一覺醒來，突然有了慈悲心，不是在我5歲時，也不是在我10歲、20歲、30歲……時，偏偏選在花甲之年，除了命運的安排外，還能是什麼？不說了，今天是我的購物日，我的導盲犬還在門口等我呢！"他答。

（314）

同事聽說陳生在找房，給他介紹一個聯排別墅，租金非常便宜，跟一居室的公寓一個價，陳生很高興地租下。

搬家前，該同事跟他說："我女友想住市區，迫不得已才搬。放心，屋子我已經清洗過了。"

這棟新租下的別墅是同事轉租給陳生的，難得搬走前還打掃了，實在夠意思！

事實證明陳生還是過度樂觀，別墅內依舊凌亂（顯然打掃得不到位），牆上甚至貼著幾張鬼畫符，這也太有礙觀瞻了，陳生立馬撕下。

忙活了一整天之後，屋子總算收拾乾淨，陳生匆匆洗個澡便睡下。

半夜，他被桌椅搬動的聲音給驚醒，於是起床查看，發現屋內並無異狀。

"這鄰居也太會來事，半夜搬什麼桌椅？"陳生心想。

沒料到這種情況每晚都會發生，有時連白天也是。陳生想過敲鄰居的門溝通一下，最後還是打消主意，畢竟維護鄰里間的和諧很重要。

陳生的女友偶爾會來別墅小住，她問陳生有沒有聽到桌椅搬動的聲音？

"有，經常。"他答。

"鄰居家開補習班嗎？"女友又問。

"應該不是，左右鄰居看起來都不像老師，平常也沒見孩子出入。"

"這就奇怪了，那些桌椅聽起來至少有十幾張。再說，平常人偶爾搬動桌椅是可能的，至於天天搬動嗎？"

陳生心想不無道理，為了打消疑慮，他決定問個明白。一問之下，嚇壞了他，原來這別墅是附近有名的鬼屋，他的同事在不知情的情況下搬進去，後被各種靈異現象所困擾，雖然請了道士作法（俗稱清洗），但不管用，只好搬走，沒想到後來被陳生租下。

聽完，陳生面如死灰，原以為自己撿到大便宜，結果卻是個接盤俠，接的還是個鬼屋盤。

思來想去，陳生除了在牆上貼上法力更強的符咒外，還請來記者曝光，間接給房東施加壓力（他的要求不多，只要拿回押金及預付的租金即可）。

記者聽說後，很是興奮，還有什麼比鬼屋話題更吸引人？於是在別墅內架好錄像機，同時打開收音器。可惜錄了三天，一切正常，把記者給氣得髒話連篇。

被記者拉黑，陳生也很無奈，然而更糟糕的事還在後頭，或許是抗議陳生叫來記者，"鬼屋"當晚發出的聲音和平常大不相同，音量還更甚，逼得陳生起床查看。

這一看，他嚇得說不出話來，因為屋內彷彿起了龍捲風。

陳生還來不及做出反應，頭被吹過來的某樣東西給擊中，隨即失去意識。

隔天醒來，陳生發現自己躺在床上，莫非昨晚詭異的一幕不過是惡夢一場？

他巡視屋內，一切正常，除了符咒（那些原本貼在牆上的符咒此時散落各處，像被颱風掃過）。

（315）

女明星雪莉昨晚睡覺時被蚊子叮，她特意在眼皮上抹上厚厚的眼影。

首映會上，《簡報》記者問她怎麼眼睛腫了？她如實相告。

沒想到隔天的影視版上出現的是：雪莉被男友痛毆，眼睛腫得像核桃。

幾個月後的電影節上，當雪莉走紅地毯時，同一名記者又問："妳最近豐滿不少啊！"

"是啊！你是不是要寫我懷孕了？"雪莉諷刺。

隔天的影視版上寫著：女明星雪莉承認懷孕，預產期在明年春天，孩子的父親是圈外人士，做的是金融業……

又過了幾個月，那名記者出現在雪莉的新書發佈會上。

"這個人是誰？把他趕走！"雪莉對工作人員說。

雖然被驅趕，但不影響該記者完成使命。隔天的影視版上寫著：女明星雪莉跨界寫作，新書發佈會上人山人海，目測約有數十萬人……

（316）

凱西是已故將軍遺孀的住家保姆，當夜深人靜時，她偷偷打開後門，讓認識不久的男友進來，像過去幾天一樣。

可是今晚愣是不同，男友進來後，直接上樓去。

"親愛的，你走錯了，我的房間在樓梯底下。"凱西仰頭說。

男友沒有停下腳步，凱西只好跟著上樓，這才發現他翻箱倒櫃，似在尋找什麼東西。

"你幹什麼？"凱西喊，同時上前制止，結果被男友一拳擊倒。

小曾以為還會有後續，但楚肖從此人間蒸發，直到半年後警察找上門來，他才知道事情不像他所想的那樣。

"楚肖呢？"小曾問楚肖的代理律師。

"他被保護起來了，你不會再見到他。"

"不，我一定要見到他。當初……當初我沒有勉強他，還有，我不知道他是未成年人。"

"你還好意思說，他有性向困擾而向你求助，你卻讓他放開天性，說這是另類療法。"

"這的確是另類療法啊！我已經有半年沒看心理醫生了。"小曾答。

（318）

楊麗花的個性大大咧咧、不拘小節，完全沒有女孩子該有的樣子。她的母親很發愁，不知該如何是好？

鄰居大嬸建議她給女兒改名，說得神乎其神。楊媽媽很心動，最後花了200元請師父改名。

改名後的楊麗花渾身不自在，以前別人喚她時，她總回一句："幹嘛？"。現在聽到有人喚她的新名字，她總不由自主地低眉順眼，語氣和用詞也與以往大不相同。

這一天，體育老師點名。

• • •

"陳一航。"

"到。"

"范哲剛。"

"到。"

"楊雨柔。"

"到。"

"魏海威。"

"到。"

……

點名完畢，體育老師說："奇怪，我記得你們班有個男人婆叫楊麗花，她呢？轉學了嗎？"

大夥兒鬨堂大笑，然後一個弱弱的聲音響起："楊麗花已經涅槃重生成為楊雨柔了。"

（319）

電視臺有個"寶寶爬行比賽"的節目，工作人員在20米長的爬行道上佈滿各種玩偶和機器人，寶寶只要在規定時間內爬向在終點站等候的母親即獲勝，獎品玲琅滿目，總價值超過三萬元。

這一天吃完飯，喬醫生與家人一起觀看該節目，據說自開播以來還沒有寶寶挑戰成功過。然而今天不一樣，哨聲一響，一個穿藍衣的男寶寶一馬當先衝出起跑線，邊哭邊爬向自己的母親，對路上的玩偶和機器人完全不感興趣，只花了不到三分鐘的時間就抵達終點，比規定的五分鐘還要快上很多。

正當大家齊聲讚美該寶寶時，喬醫生卻搖頭。

"怎麼了？"他的老婆問。

"寶寶被外物吸引很正常，如果視若無睹，一心只在母親身上，很可能有先天上的心理缺陷，這是需要擔憂的，可是現場卻歡聲雷動，實在是一大諷刺啊！"喬醫生答。

（320）

游春霞14歲時與一個做木工的男人私奔，生下兩個孩子後，男人不告而別。為了養活自己和孩子，她嫁給一個脾氣暴躁的卡車司機，並且又生了兩個，直到被打到骨折，她才下定決心帶著四個孩子離開。

一年後，她跟了個廚師，但男人的運氣不佳，半年後便車禍身亡，此時游春霞已懷有身孕。

知道轄區內有如此命運多舛的女人，村幹部提著大包小包上門安慰，同時承諾等生產完便給她一個掃大街的工作。

"謝謝！"游春霞噙著淚水，"如果不是為了孩子，我早了結性命了。"

"依我的淺見，生活困難就不該多要孩子。"村幹部說。

"不，我從不後悔生下他們。"

村幹部離開後，游春霞見家裡的老大神色有異。

"阿玲，妳怎麼了？"她問。

"沒什麼。"

"有話直說，媽聽著。"

"我……"阿玲猶豫了一下，最後還是說了，"我後悔被妳生。"

（321）

農村女人若生不出孩子會被唾棄，這早已是不爭的事實。周來順就遇到這等的煩心事，她的公婆已經指桑罵槐很久了，老公也沒給好臉色看，現在的她度日如年。

某天，村裡的季婆婆把她拉到一旁，問："想不想要個孩子？"

"領養的不要，阿易不會同意的。"周來順答。

"傻瓜！我是指真正懷胎。"

講到這個，周來順不免心傷，為了懷孕，她試過各種方法，求神拜佛就不提了，連生吞活蚯蚓的事都幹過，但肚皮依舊不爭氣。

"我告訴妳啊！"季婆婆壓低聲音，"想懷孕就得找徐半仙，通常作過幾次法就能見效。"

徐半仙是隔壁村的算命師，周來順見過幾次，那雙瞇瞇眼很令人厭惡。

"再說吧！"她意興闌珊地答。

沒想到接下來季婆婆細數那些被徐半仙幫助過的女人，都是周來順平常打過招呼的，原來她們都曾有過同樣的困擾，現如今卻是一副"有子萬事足"的模樣。

這下子周來順動心了，當天下午就去找徐半仙。

經過兩個月的"求子儀式"後，周來順成功懷孕，並且在隔年夏天迎來一個大胖小子。她的婆家高興壞了，對她的態度也180度大轉變，"母憑子貴"大概說的就是這個。

這一天，趁著孩子睜眼了，周來順喚來老公，讓他能好好看清楚自己兒子的長相。

她老公抱著襁褓中的嬰孩目不轉睛，臉上有迷惑的表情。

"怎麼了？"周來順問。

"奇怪，孩子的眼睛怎麼這麼小？像眯成一道線似的。"她的老公答。

(322)

麗雅又為了一件小事和男友大戰，最近總是這樣，已沒有當初相戀時的美好與甜蜜。

吵架總令人沮喪，為了轉移注意力，麗雅上網查詢最大號行李箱，那是母親要她代買的。

一個小時過去後，男友進到她房內，問她要不要和好？

麗雅的氣未消，當然答不。

"妳……妳……至於嗎？"她的男友臉色慘白地問。

"我就是這麼任性，咋地？"

話一答完,她的男友拔腿就跑,讓麗雅一頭霧水。

等她將目光重新移回到電腦,赫然發現方才她所查詢的問題尚未刪除,上面顯示的是:**能裝人的行李箱。**

（323）

老虎和獅子都想戴上森林之王的皇冠，它們各有擁護者，時不時大打出手，為此喪命者不在少數。

終於，可怕的一天來到，兩邊成員由於長期鬥毆而全部陣亡，這個森林最終只剩下老虎、獅子和狐狸。

老虎和獅子一商議，決定以狐狸為對象，誰先咬死它便是永遠的森林之王。

狐狸一聽大驚失色，它慌忙阻止這個愚蠢的約定，因為失敗者得遠走他鄉，而勝利者只能守著空蕩蕩的森林，怎麼看都是兩敗俱傷。

"你有什麼建議？"老虎和獅子同時問。

"我的建議是由我保管皇冠，直到你們當中的一位被我認定是森林之王為止。"

幾年過去後，原本冷清的森林又重新熱鬧起來，你若問起誰是森林之王？所有動物紛紛表示不清楚，不過森林之神是知道的，它就住在森林裡唯一的一座宮殿內，每天一早，老虎和獅子都會搶著去請安，雷打不動。

（324）

李小媛與城中富豪阮雲霄在一起不圖錢，吃什麼、玩什麼、用什麼，只要開心就好，從不堅持一定要貴的。

阮雲霄曾試探性問她："要不要買棟房子給妳？"

"不需要，現在的租處挺好的，我已經很滿意了。"

花心大少似乎很吃這一套，兩年下來沒再犯桃花。當大家以為他終於安定下來時，誰知他那顆蠢蠢欲動的心又起，這次的對象是個女大學生，在讀。

與阮雲霄分手後，李小媛通過律師把賬單奉上。

阮雲霄一看，一小時要價500元，看似不多，卻是包年。等於兩年下來，八百萬元沒了。

"我以為她和我在一起不圖錢。"阮雲霄說。

"我的當事人的確不圖錢，她主張的是拿回她的時間損耗費。另外，這是近兩年來您在她家的食宿費用，與時間相比，這才是大頭。"

阮雲霄看完，血壓立即升高，他怒喊："一瓶礦泉水十萬元，一晚的住宿費一百萬元，她怎麼不去搶銀行？"

"超市的礦泉水只要3元一瓶，酒店的一晚住宿費不過數百到數千，但您喝的水是我的當事人預備留給自己喝的，您睡的床是我的當事人預備只留給自己睡的。換言之，她有權坐地起價。"律師答。

有句話"免費的最貴"，這次阮雲霄算是深刻體會到了。

（326）

蘇菲結婚時，她的姐姐沒有從美國趕回來參加，因為老公正在準備博士生答辯，而家裡的孩子出疹子，整天哭個不停。

"沒關係，婚後我和小齊飛到美國看你們。"蘇菲答。

結婚當天很繁忙，但蘇菲還是聽到了話屑子，無非認為蘇菲的姐姐太不近人情，自己唯一的親妹妹結婚，再怎麼也得克服困難回國參加婚禮才是。

一個人講還無所謂，當週邊人都躲起來議論紛紛時，蘇菲頓時感覺自己可憐。是呀！再怎麼也能克服困難，姐夫就不提了，成年人還不會自己照顧自己嗎？

至於外甥……把他交給同在美國的爺爺奶奶照顧即可。

正因這番自憐所引起的埋怨，蘇菲的大好心情變得黯淡無光。等到了美國，一件小事便將壓抑的怒火點燃，把原有的姐妹情給燒沒了。

讓我們將時間撥回到蘇菲結婚當天，如果……看看結果會不會有所不同？

"小菲，妳姐什麼時候到？"伴娘A問。

"她不參加婚禮，因為她老公正在準備博士生答辯，而孩子不巧出疹子了。"蘇菲答。

"博士生答辯很重要，我親眼目睹朋友為了應付這個，硬生生從頭髮濃密變成了禿子。"伴娘B說。

"沒想到學術圈內卷得這麼厲害。"化妝師邊給新娘塗眼影邊說，"我結婚了，孩子一歲多，只要他一病，大人彷彿天塌下來似的，那種壓力會壓得人喘不過氣來。"

此時，蘇菲嚅嚅地表示她姐姐的公婆也住在美國。

"這種事還是儘量不要麻煩婆家,他們也有自己的生活要過,何況有誰會比親媽更加知冷暖呢?"伴娘C說。

言談間,蘇菲明白了姐姐的不易,真希望自己能插上翅膀飛向她,好助她一臂之力……

瞧!這就是輿論的力量,既能成就美事,也能殺人於無形。不說了,我剛接了個活,手裡的水軍正等著我運籌帷幄呢!

（327）

家裡的兩條狗一向是老婆在照料，王老先生從來不管不問，無奈這天老婆忙著包粽子，他只好牽起狗繩遛狗去。

路上他遇到鄰居老莊，兩人交談了一下，不過一會兒的工夫，吉娃娃不見了。

王老先生嚇壞了，手裡的繩子一時沒抓牢，讓泰迪犬也逃之夭夭。

想到回家必有一番爭吵，他意興闌珊地走出小區，這一走就是大半天。

"老王！"他老婆邊哭邊向他跑來，"原來你在這裡，害我好找。"

"我……"

"不說了,不說了,咱們回家。"

王老先生到家後,家裡的狗衝著他又叫又跳,一隻也沒少。這下子王老先生懵了,莫非自己靈魂出竅?

當晚,王老先生發現自己的老婆躲在廁所裡講電話。

"兒啊!今天你爸去遛狗,結果狗回來了,人丟了,你說他是不是得了老年痴呆症?"王老太太壓低聲音說。

（328）

馬哈是個馬拉松選手，每天花6個小時在訓練上。他的教練認為他不思進取，想要好成績，6個小時根本不夠。

"如果超過6個小時，我會有倦怠感，久而久之，我怕自己就不喜歡這項運動了。"馬哈答。

聽完，教練搖搖頭，心裡已經放棄了馬哈。

反觀茂德，他也是馬拉松選手，每天花10個小時以上的時間在訓練上。他的教練認為他指日可待，想要好成績，這個訓練量是必需的。

二十年過去後，馬哈一塊獎牌也沒得到，茂德卻是榮譽加身。當他們雙雙退役後，前者成了房產仲介，後者成了一名商人。

此後，大大小小的馬拉松賽事中仍能見到馬哈的身影（志在參加，不在得獎），但茂德已經徹底離開這個圈子，甚至連想都不願想起。

（329）

今天一大早，劉作家的老公就發了好一頓脾氣，原因是蛋煮老了，他最討厭吃沒流心的水煮蛋。

"下次留意就是，你沒看我忙？待會兒還得送小怪獸上幼兒園呢！"劉作家疲憊地答。

老公走後，小怪獸仍慢吞吞地進食，這得吃到猴年馬月？於是劉作家把食物硬塞進小怪獸的嘴裡，再強拉他出門，一路上尖叫及哭喊聲不斷，不知道的還以為這是上行刑場。

到了幼兒園，老師說小怪獸整天動個不停，也許該上醫院做個徹底的檢查……

(330)

鄭蓓露想買部手機,一個獐頭鼠目的男人老在她身邊打轉,讓她惶惶不安。

為了擺脫麻煩,鄭蓓露很快離開手機專賣店。沒想到那個人也跟過來,並且在轉角處欺身而上,嚇得她尖叫聲連連。

"別叫,我不是壞人。"那個男人說。

"你……你想幹嘛?"

"我留意到妳對蘋果12感興趣,我手中剛好有貨,1000元賣給妳。"

iPhone 12的新機售價是五千多元,這個人卻賣1000元。

"我不買山寨機。"答完,鄭蓓露轉身離開。

走沒幾步,她的背後傳來聲音:"我偷的。"

（331）

黛安胃疼了一整晚，輾轉反側，痛苦得不得了，她心想："身體健康真的好重要，一旦胃不疼了，我發誓不再自尋煩惱。"

隔天，黛安的胃真的不疼了，但她依舊煩惱這、煩惱那，只有一件事她不煩惱，那就是：**萬一胃又疼了，我該怎麼辦**？

（332）

際生物學大師史懷特來訪，佩姬得了接待的機會，她為此興奮不已。

在一個星期的訪問時間裡，除了演講和參加座談會之外，大會還安排了參觀鱷魚園的活動，也算是在緊密的行程中塞進了娛樂項目。

當他們一行人來到鱷魚園時，正巧園方在投食，把一籮筐一籮筐的食物往水池裡倒。

"這倒的是什麼動物的雞腿？"史懷特問佩姬。

"是……是雞。"她嚇得話都說不利索。

(333)

紀小寶考進重點高中,難得學校還提供住宿,他便從村裡搬到市裡。

初來乍到,紀小寶對周圍的一切感到好奇,尤其學校附近還有一棟五層樓高的圖書館,在他的家鄉,根本沒有圖書館。

這一天,他騎自行車在市裡閒晃,一不小心,迷路了。

他又騎了半個多小時,發現眼前工廠林立,這下子肯定是騎遠了。

礙於身上穿著校服,他不好意思問自己的學校在哪裡,所以拐了個彎,問:"您好,請問市圖書館在哪裡?"

路人想了一下,突然靈光一閃,答:"市圖書館就在你就讀學校的附近。"

紀小寶頓時無語了。

（334）

聽說心理諮詢師尼娜擁有五個博士學位，不少患者前去就診。沒多久，她的博士學位遭到質疑，尤其她才30歲，這讓在博士學位道路上屢戰屢敗的人怎麼想？

尼娜不慌不忙地表示那些全是名譽博士，這可以很好地解釋為什麼她年紀輕輕就能擁有五個博士學位。

當被問到都是哪些大學授予時，她頗為淡定地答："美國哈佛州立大學、英國威爾士牛津大學、加拿大魁北克省多倫多大學、澳大利亞昆士蘭州悉尼大學和位居中國上海的清華大學。"

（335）

閻興義的鞋廠每月能有上千萬元的訂單，但下游商家遲遲不付款，上游供應商又頻頻催債，閻興義一個頭兩個大，已經好幾個月夜不能眠。

"要不，把鞋廠收起來吧！"他的老婆說。

閻興義沒想過放棄，從年輕做到現在，生產鞋子已經成為他的使命。

然而形勢比人強，在虧損五百多萬元的情況下，他不得不關閉已經經營33年的鞋廠。

生意到頭來算是賠本了，但廠子所在的地皮卻升值了，一轉手，閻家賺了十個億。

（336）

有個通緝犯走投無路，清晨闖進一戶民宅，並且挾持了裡面的兩大一小。兩個大人嚇得雙腿打顫，孩子卻喜形於色。

"你不怕嗎？"持刀的通緝犯問。

"不怕。"那孩子很快地答，"今天學校有考試，你待久一點兒，我就不用考了。"

（337）

聽說近幾年出版社已經不再接受稿件，而是主動與網紅作者合作，藉以降低風險。

考慮再三，默默無聞的作者湯圓圓決定先將自己打造成網紅，第一步便是上韓國整容。整容過後的湯圓圓果然像女明星一樣漂亮，她接著上網徵婚，揚言武大郎的五短身材才是她的理想型。

這個奇葩要求果然吸引大眾的目光，相關報導接二連三出籠。

"氣死人了！我的作者身份完全不提，這算哪門子報導？！"湯圓圓氣得扔下手機。

痛定思痛後，湯圓圓改弦易轍，挾著"一點點兒"的名氣報名參加相親節目。面對鏡頭，五短身材依舊是她口中的理想型，但這次她沒少向全國觀眾介紹那部耗盡自己三年心血才寫完的二十萬字巨作……

上了幾期節目後，湯圓圓漸漸打開知名度，以這個速度，成為網紅指日可待。不過事情的發展比她想像得還要快，這可不，今天的節目就迎來一位"武大郎"（還是專為湯圓圓而來）。

"大家晚上好，我是丹陽出版社的社長，此番前來除了想找個媳婦兒，還想替出版社引進人才。本出版社成立於1990年，已經出版了上千本圖書，是暢銷書排行榜上的常客……"

湯圓圓知道丹陽出版社，她的小說剛出爐時就曾投稿過，但石沉大海。如今身高不到一米六的社長親自伸來橄欖枝，她到底是接還是不接？

思前想後，湯圓圓最後還是順從了自己的野心，與丹陽出版社的社長牽手成功。

沒多久,湯圓圓在出書合同上簽字,而丹陽出版社也成功獲得C輪融資,實現雙贏。

你若問那兩人後來有沒有喜結連理?切,誰還在乎這個?

（338）

不少的原創商家都有這樣的經歷，但凡出現爆款，快到兩、三天便有仿版出現。家住上海的劉女士最近就遇到了這麼一件糟心事，她設計的水貂絨短款外套被不良商家仿製及出售，合計損失超過百萬，這是原創設計者的悲哀與夢魘。

大家都是怎麼看待仿冒的？請在評論區留言，感謝您的閱讀。

特此聲明：轉載本篇文章是為了傳遞更多信息，若不小心侵犯到您的合法權益，請聯繫刪除，謝謝！

（339）

有一隻黑跳蚤打從出生就寄生在老鼠身上，某天，一隻紅跳蚤出現了。

"你是誰？滾出我的地盤。"黑跳蚤說。

"滾就滾，這老鼠也太不給力了，送我還不樂意呢！"紅跳蚤答。

這是黑跳蚤第一次聽說它的宿主不夠好，在它的眼裡，這隻老鼠就是它的天和地。

"世界上還有比我的老鼠更好的宿主嗎？"黑跳蚤忍不住問。

"當然。我曾經寄生在一頭非洲草原象的身上，從象尾跳到象頭，花了我好幾個鐘頭的時間；又有一次，我寄生在鳥的身上，它帶著我飛翔，那真是一次難忘的體驗。"

紅跳蚤的話讓黑跳蚤心猿意馬，它央求紅跳蚤帶它見識一下。紅跳蚤答應了，於是兩隻跳蚤開開心心地踏上旅程。

一年後，黑跳蚤說它還是想找一隻老鼠寄生去。紅跳蚤很驚訝，忙問為什麼？

"我想念老鼠身上的味道。"黑跳蚤答。

（340）

佐爾曼是黑社會老大，與之對抗者皆無好下場，不是身首異處，便是慘遭滅門，連警察都聞風喪膽。誰能想到這樣的狠角色對待自己人卻是噓寒問暖、關懷備至。

晚年的佐爾曼定居在某個小島上，過起含飴弄孫的生活，鄰居們都說他是個和藹可親又樂善好施的人。

你若問佐爾曼壞嗎？他的確是壞；你若問佐爾曼好嗎？他也的確是好。歸根結底，一個"成功"的壞人向來有兩張面孔。

（341）

西元2042年，仿真機器人已經幾可亂真，不僅會思考，還能唱歌跳舞，從外觀上已與常人無異。若想判斷，只能從情感入手，機器人要比人類更懂得克制情緒……

董明路懷疑自己的老婆是機器人已經不是一天、兩天的事了，她對待任何事情都很冷默，好比前天他的手指流血了，她竟然能做到視若無睹。

思來想去，他決定測試一下，擇日不如撞日，就今天了。

"茹，妳過來一下。"董明路喊。

他的老婆要他直說，一步也沒離開書房，董明路只好走過去對她說："我得了胃癌晚期，醫生說只剩三個月的時間。"

"噢！"他的老婆沒停下打字的動作，"胃癌會不會傳染？"

"不會。"

"那就好。"

聽到最後一句，董明路心如死水，原來他的老婆真的是機器人，這打擊未免也太大了？

過了兩天，董明路不小心聽到話屑子，頓時五味雜陳。

"喂！我想諮詢一下，胃癌晚期的病人能不能買人壽險？就是只要人死了就能拿錢的那種……"他的老婆問。

（342）

梁惠敏總感覺自己被詛咒了，以致做什麼事都不順利，所以當聽說有"運氣精靈"出售時，她立馬上網購買。

"您好，您購買的'運氣精靈'已經寄出，請別忘了遵守精靈法則，否則沒有效用。"客服留言。

下單之前，梁惠敏已經詳細閱讀使用方法，客服的叮囑不過是多此一舉。

三天後，梁惠敏收到"運氣精靈"，立刻將之供奉起來，早晚膜拜，同時遵守五條精靈法則，那就是笑顏常開、樂於助人、盡職盡責、不造口業、懂得感恩。

從此，梁惠敏的生活像開了掛似的，好運連連。

"我的運氣精靈實在太靈驗了！"梁惠敏滿意地想著。

（344）

沃倫是個街頭畫家,當他頭腦清醒時,也能畫出不錯的畫來,可惜他的頭腦經常不清醒,所以這份工作斷斷續續,三餐都無法保證吃得上,尤其大部分的錢還進了毒販的口袋裡。

這一天,莉莉一走進廣場就被沃倫叫住。

"嘿!妳的鼻子是我見過最美的,我想畫妳。"沃倫說。

於是莉莉坐了下來。

不過半個小時的工夫,沃倫就完成素描。

"你把我畫得太美了,多少錢?"莉莉高興地問。

"不要錢,送妳的。"

莉莉還是給了他一百美元(天知道,沃倫畫一張素描頂多賺20)。

從此,莉莉經常繞到廣場來,如果恰巧遇到沃倫,那天就是最好的一天;如果不巧沒遇上,那天就是最壞的一天。

當沃倫替莉莉畫的畫堆滿牆角時,他倆商議結婚。莉莉給了沃倫兩千美元,讓他去置辦行頭,結果他把錢全拿去買毒品。

"為什麼?你不是答應我要重新開始嗎?怎麼又吸毒了?你還要不要過正常人的生活?"莉莉淚眼婆娑地問。

沃倫過"不正常"的生活已久,他太熟悉那個味道,反倒"正常"的生活讓他害怕,他不知道自己能否適應。這種焦慮反覆折磨他,只有再度吸毒才能減緩壓力……

後來,他倆分道揚鑣,莉莉繼續過她的"正常"生活,沃倫則繼續過他的"不正常"生活,兩人各自安好。

（345）

509室的淨水器漏水，水滲到樓下。409室的住戶王大姐怒氣沖沖地上樓質問，罵大街的聲音響徹雲霄，最終以509室賠償1300元收場。

王大姐很開心，心想還好自己夠兇，否則鐵定吃虧！

當天下午，淨水器公司到409室拍照存證，因為509室申請賠償。

再過兩天，淨水器公司送來一個全新的淨水器，上樓時被王大姐攔下，問："這淨水器多少錢？"

"6000元。"送貨員答。

"509室買的？"

"這是公司送給509室的，因為給用戶帶來不便。"

王大姐頓時像吃了一個標價1300元的爛蘋果，早知道就獅子大開口。

（346）

龔林菲是個當紅明星，光今年就有五部電影在手，代言的產品也多到二十幾個，一時風頭無兩。

這一天，她難得和朋友聚餐。席間，有人談起偷拍無所不在，問她是如何防範的？

"如果是公共場所的偷拍，雖然討厭，但通常不會有大影響。比較麻煩的是酒店房間或公共廁所的偷拍，這個影響就很大，不過我有防偷拍神器。"她答。

朋友猜了又猜，皆不是，很快便沒了耐心，催她趕緊公佈答案。

於是龔林菲從包裡取出一樣東西放在桌上，說："喏！就是它！"

那是一個京劇臉譜面具，只在眼部挖了兩個小孔。

（347）

南美洲有個神婆，預言相當精準，她的最新預言是東方會出現一位能影響世界畫壇的畫家……

這讓陶西夷很是氣餒，如果一切都已命中注定，那還努力個啥？

在家躺平數月後，陶西夷感到無趣極了。某天，他提筆塗鴉，越畫越帶勁，不禁納悶怎麼從前沒發現畫畫這麼有趣？

幾十年過去後，終於有貴人著手幫陶西夷辦畫展。畫展非常成功，他的點狀畫法震驚中外人士，一位畫壇"天才型新星"就這麼橫空出世……

有人說神婆的預言再次實現，陶西夷無疑是她口中能影響世界畫壇的畫家。針對此點，陶西夷不置可否，因為連他自己也無法解釋其中的奧妙之處，不過有一點他倒是和別人有不一樣的看法——與其說神婆預言了他的成功，倒不如說她預言他會幾十年如一日地作畫，雷打不動。

（348）

江作家太想成功了，為了名利雙收，她做過很多毀三觀的事，包括在新書發佈會上故意走光、與名人鬧緋聞、和導演老婆大打出手……等，可惜熱度就像煙花一樣，稍縱即逝。兜了一圈之後，江作家發現自己又回到了原點，更加悲催的是她的名聲臭了，很難洗白。

有人問江作家後不後悔？

"不後悔，我就是不想竭盡全力在寫作上才走捷徑，願賭服輸。"她答。

（349）

范明浩自創蜘蛛繪法，在畫布上先灑上各色顏料，趁顏料未乾，把抓來的蜘蛛放在畫布上任其自由行動，所創造出來的畫作以"蜘蛛行+地名"來命名，譬如《蜘蛛行上海》、《蜘蛛行洛杉磯》、《蜘蛛行巴黎》……等（范明浩不僅本人親臨該城市，連蜘蛛也是採用當地蜘蛛，真正做到"入鄉隨俗"）。

有人認為這種創造方式乃譁眾取寵，根本算不上藝術，何況畫是蜘蛛畫的，干范明浩何事？

"這是外行人講外行話！"范明浩冷哼一聲，"首先，畫布上的顏料擺放是有講究的，能不能做到平衡和互補，很考驗創作者的功力；其次，蜘蛛也不是隨便抓的，我會依據他們的行動力來判斷是否吻合我的需要；其三，蜘蛛該放在畫布上的哪個位置也是經深思熟慮才下的決定。簡言之，我不否認蜘蛛的功勞，但充其量只能算是我的創作工具，像畫筆一樣。"

原本以為這不過是藝術發展史上的又一個小小水花，沒想到水花竟成了海嘯。

"范大師，《蜘蛛行倫敦》我要了，您開個價吧！"買家說。

"很抱歉，那張剛被中東皇室給買走了，你可以買《蜘蛛行阿姆斯特丹》。"

"多少錢？"

"八百萬元。"

對方支支吾吾的，似乎對標價有意見，於是范明浩加以解釋；"因為《蜘蛛行阿姆斯特丹》尚在進行中，所以打八折。如果嫌貴，你挑個城市，我可以打對折，不過得等，因為名單上還有十幾個人在排隊。"

（350）

老唐已經躺在病床上有大半年了，昨晚突然呼吸衰竭，醫生緊急插管，同時通知家屬，結果只有大兒子一人到場。

"你可以進去探望，但別說太多話，病人需要休息。"醫生對小唐說。

監控錄像顯示小唐和父親談話不到五分鐘便離去。

隔天，警察問小唐："昨晚你離開沒多久，你父親就親手拔管，你跟他說了什麼？"

"我不過是講了些家常話，其他什麼都沒說。"

由於醫院錄像不帶拾音器，只有影像，而影像顯示是唐老先生自己拔管的。

這個死亡事件最後被認定為"久病厭世"，無他殺嫌疑……

"那天你到底跟爸說了什麼？"關上房門後，小唐的妻子壓低聲音問。

"我說家裡現在一天吃兩餐，還有，小寶的衣服是用布袋做的，他怕被鄰居孩子取笑，躲在家裡不敢出門。"小唐答。

(351)

正常人進入精神病院會不會被識破?大V常亦遠決定親自測試一下。

"最近感覺如何?"精神科醫生問。

"別人說我有幻覺和幻聽,我不覺得,因為的確有個穿黑衣的男人跟著我,這是真的。"

"他現在也跟著你嗎?"

"嗯!他就站在門後。"

醫生轉過頭查看,再回頭時,他告訴常亦遠得馬上住院。

成功進入精神病院,常亦遠以為裡面住的都是野獸般的瘋子,其實不然,他們大部分都文文靜靜的，有些甚至條理清晰，讓人不明白為什麼這樣的人也會住進精神病院。不過若要說他們完全正常也不好說，譬如與他走得比較近的方先生，講起量子力學或辯證唯物論，那是頭頭是道，但若提起出院，方先生立刻緊張起來，在他眼裡，醫院以外的世界魔鬼橫行，不是他這種心思單純的人能應付得了。

眼看已經收集夠多的資料可以發表，同時與家人約定接人的日子也到了，常亦遠和病友們一一道別。當來到方先生面前時，方先生在他耳邊低語："我知道你是正常人。"

"何以見得？"

"目光，你的目光移動速度很快。"答完，方先生望向常亦遠身後的護士，速度之快，宛如閃電。

（352）

算一算，小婕與德國男友漢斯已認識將近100天。為了這個神聖的日子，小婕一早就請了年假，打算和男友到歐洲度個美美的假期。

按照計劃，他們先飛到尼斯。結果從此他倆的作息便是沿著蔚藍海岸進行，不是躺在海邊晒太陽，就是踩著沙灘漫步，活動範圍不出三公里。

"漢斯，我們還度假不？"小婕挺不開心地問。

"親愛的，妳說的什麼傻話？我們是在度假呀！"

小婕腦海裡的度假是利用有限的天數做最大限度的觀光，好比同事小菲，14天旅遊了歐洲八國，那才划算！

漢斯表示把假期過得像工作打卡，惟有蠢人才這麼幹！

一言不合，小婕收拾行囊獨自旅遊去，總算在假期結束前勉強打卡兩個國家，照了很多照片，也買齊了給所有人的紀念品。

"這下子終於能回國交差了。"小婕頗感欣慰地想著。

（353）

VIP病房裡熱鬧非凡，每天都有親屬來探望，陳老先生樂得合不攏嘴。

"我看過太多'久病床前無孝子'的例子，這戶人家可真是少見。"護士小張說。

"什麼呦！大人500元，小孩1000元，來回交通費還給報銷，換作是妳，妳也會搶著來探望。"護士小余答。

小張沒想過會是這個原因，挺吃驚的。話說回來，每天都有不同的親戚輪番出現，陳老先生哪來那麼多錢支付？

小余解釋陳老先生是個成功的企業家，錢多得很，但他對家人一向小氣，到了一毛不拔的程度，孩子甚至得半工半讀完成學業，誰能想到他存錢是為了這個。

"道聽途說難免失真，實際情況未必如此。"小張持平地說。

"我可不是道聽途說，"小余摘下護士服上的名牌，"今天我請兩小時假，沒辦法，一天都賺不到500元，還不如請假去探望舅爺。"

(354)

　　王老闆的別墅坐落在富人區，佔地兩千多平米，有游泳池和網球場，像個小型度假村，可惜他的資金鏈斷了，不得不賣掉別墅以解燃眉之急。

為了快速脫手，房屋仲介在廣告詞上強調屋主的困境，凡出價皆考慮。

果然看房的人一撥接一撥，但無人出價，最後王老闆打了六折才勉強賣掉。

反觀同一小區的汪老闆，他也想出售自家別墅，不同的是他沒有經濟問題，而是獨子考上哈佛大學，老倆口想跟過去陪讀。

為了快速脫手，房屋仲介在廣告詞上強調這是風水房（所以出學霸），凡出價皆考慮。

果然看房的人一撥接一撥，全是誠意買家。最後汪老闆把房子賣給有兩個學齡兒童的家庭，對方不僅沒砍價，還多給了168元（諧音"一路發"），希望能博個好彩頭。

這一天，王老闆堵住汪老闆，問："你欠我的尾款什麼時候給？"

"請再寬限幾天。"汪老闆哀嘆一聲，"家裡的不肖子又欠下賭債，我已經一個頭兩個大。"

（355）

元寶公司新出了一款檸檬水飲料，售價3.5元。

"這檸檬水的口感不錯，賣得卻比別家的同款飲料差，這是怎麼回事？"總經理臭著臉問。

有人說問題出在廣告詞不出彩，還有人說推出的時間不對，甚至有人說就不該找沈佳佳當代言人，那個女人的風塵味太重，與"小清新"的檸檬水明顯調性不符……

沈佳佳是總經理的情婦，這無疑捅了馬蜂窩，楊經理趕緊亡羊補牢。

"咳、咳、"楊經理用力咳嗽兩聲，"沈佳佳的表現可圈可點，比預期的還要好，問題不在她身上。"

"你倒是說說問題出在哪裡？"總經理很感興趣地問。

"出在瓶子上，如果把塑料瓶換成磨砂玻璃瓶，整個質感就上去了。"

眾人立刻反對，因為客戶買的是飲料，空瓶子往往隨手扔掉，無需多此一舉。

總經理沒忘記方才楊經理的"救場"行為，所以力排眾議，放手讓他進行改革。

改革之後的檸檬水"新瓶裝舊酒"，售價從3.5元提高至10元，但銷量一路猛漲，表現得非常亮眼。

"寶貝兒，"男人捏了一下沈佳佳的屁股，"家裡怎麼那麼多瓶子？"

"那是我代言的瓶子，你看多美，拿來插花正好。"沈佳佳答。

(356)

小甜極愛佔人便宜,這個全校都知道,偏偏小竹還滿喜歡她的,即使被佔便宜也無所謂。

這一天,小甜又來找小竹,兜兜轉轉後,她表示自己沒錢吃飯。

"沒事,待會兒我請妳!"小竹說。

"竹,妳真好,我愛死妳了。"小甜真的親她一口,"對了,學妹還有沒有纏著妳男友不放?"

小竹嘆了一口氣,答:"大概我不夠好,劉名啟已經一個禮拜不理我了。"

小甜一聽來氣,放著這麼好的女人不要,劉名啟是眼瞎了不成?

"竹，妳放心，這事就包在我身上。"小甜拍胸脯保證。

兩個禮拜後，劉名啟重回小竹身邊，所以當小甜向小竹借衣服穿時，小竹二話不說就借了。

"竹，妳真好，我愛死妳了。"小甜真的親她一口，"對了，崔老師還有沒有找妳麻煩？"

小竹嘆了一口氣，答："大概她看我不順眼，總給我小鞋穿。"

"竹，妳放心，我一定幫妳出氣。"小甜拍胸脯保證。

隔天，崔老師推著電動摩托車回家……

（357）

周勻是一名居住在洛杉磯的高中生，週末時會到養老院當義工（沒辦法，申請大學得有社會實踐活動證明）。到了養老院，周勻會和老人聊聊天、下下棋，或者推著坐輪椅的老人出外散心，他就是在這樣的場合下認識了Mr.Wang（王先生）。

Mr.Wang來自中國福建，初到美國時，身上只有5美元。這個人的故事若寫下來應該很吸引人，不過周勻更感興趣的是他的床邊總擺著一個白板，上面寫著一個數字，每次都不相同。

某天，周勻忍不住問：「Mr.Wang，這白板上的數字是什麼意思？」

"那是我離開地球的倒計時。"

周勻一聽來勁，莫非王先生能預測自己的死亡時間？亦或他本人就是外星人？

針對周勻的腦洞大開，Mr.Wang 哈哈大笑。

"我既不能預知死亡時間也非外星人，數字是預估的，如果歸零後還活著，我就再寫個數字上去。"他答。

"這有意義嗎？"周勻又問。

"當你知道今天結束後，在地球上的日子又少了一天，心態就會產生天翻地覆的變化，不信你試試！"

後來周勻真的買了個白板放在床邊，當數字顯示 15，761 的那一天，他意外身故了。

周勻的妻子整理遺物時，決定把白板也放進棺材內，並且將上面的數字歸零。

"為什麼要把白板放在爹地的身上？"周勻的七歲兒子問。

"那是你爸的玩具。"周太太摸摸兒子的頭，"他這個人每天兢兢業業地研究抗癌藥物，只有每晚面對白板時才會放鬆下來。"

"玩具？我可以玩嗎？"

"當然可以，等你大一點兒時，我再告訴你怎麼玩。"

（358）

峰 火村好像被詛咒了，老人接二連三去世。

莊家興對此深感不安，他找來紙筆，把最近幾個月死去的老人名字依序寫下，居然有18人之多。

"這是得了怪病嗎？"莊家興喃喃自語。

緊接著，他把村裡60歲以上還沒故去的老人羅列下來，最後是自己的父親——莊彌言。

寫完後，莊家興凝視紙張好一會兒，仍歸納不出個所以然，於是將紙揉成一團扔進路邊草叢裡，沒料到被大嘴謝給撿去了。

在大嘴謝的不懈努力下，全村皆知道有一張死亡名單從天而降，死去的人就不說了，下一個便是村民陳衛星。

陳衛星向來有高血壓的毛病，一聽說自己是下一個被死神盯上的人，血壓一上來，只一天的工夫就駕鶴西去，這無疑增加死亡名單的可信度。

莊家興幾度想澄清，但看勢頭不對，萬一死去老人的家屬要求自己賠償怎麼辦？於是把話又嚥了下去。

若要說此次誤會帶來什麼好處？那就是莊父的"被害妄想症"因此不藥而癒（怎麼說自己都是名單上的最後一位，等倒數第二位死去後再煩惱也不遲）。

（359）

自從算命師算出自己的孩子會死於溺水，曾氏夫妻全力阻止獨子學習游泳。

"就算算命師說的對，這不正好？學好游泳才能自救。"老師說。

"不對。"曾父搖頭，"如果小兒知道自己不會游泳，就會主動離水遠一點兒，也就避開厄運了。"

十幾年過去後，某天曾家父子來到海邊撿海螺，一個大浪猝不及防地打過來，把一個身影捲入海裡。

"救……救我。"為了喊救命，曾父連吞了好幾口海水。

"你等等，"他的兒子往後退兩步，"我這就去喊人。"

（360）

即使跟家裡斷絕關係，小咪也要跟齊譽在一起，就算從此坐自行車也無所謂。

剛開始，一切都很新奇（住破屋、吃粗糧、搶購打折麵包……等），對於十指不沾陽春水的小咪來說，彷彿進入一個全新的世界。

然而幾個月過去後，小咪還是回到原生家庭。她的家人怕刺激她，絕口不提這段人生經歷，反倒是閨蜜沒忍住，問她究竟出了什麼事，以致放棄堅守多年的愛情？

"和齊譽私奔的某天下午,我低頭一看,身上的羊絨衫竟然起毛球了。"小咪答。

（361）

羊是一種很奇怪的動物，只要有一隻羊動起來，其他的羊也會不假思索地效仿，全然不顧是否合理或安全。

智羊羊一看不對，應該把羊群組織起來做更有效益的事。

"誰來當頭？"有羊問起。

"既然是我發起的，那麼就由我當領頭羊吧！"智羊羊答。

幾天過去後，除了智羊羊之外，沒有一隻羊開心，因為放在從前，任何一隻羊隨時都能當領頭，如今這種樂趣不見了，罪魁禍首便是智羊羊。所以當其中一隻羊開始攻擊智羊羊時,其他的羊也跟進,很快智羊羊便被逐出羊群。

形單影隻的智羊羊最後抑鬱而終,臨死前它不禁感慨:"我若誕生在狼群,不早稱王了?"

（362）

美姬有個難以啟齒的祕密，她今年剛滿18歲，可是性慾超強，一天一次已經不能滿足。

思前想後，她決定寫信問鳴報的專欄作家修介。當然，美姬不可能使用真實姓名，她取了個可愛的名字——櫻子。

修介的回覆非常大膽直接，他建議櫻子可以拍成人電影或從事性工作，既能滿足性慾，還有不菲的收入，何樂而不為？

此言一出，群情譁然，議員吉野尤為激憤，已經在國會上數次點名鳴報做整改。迫於壓力，鳴報不得不登報致歉，同時辭退修介，這才平息眾怒。

當夜闌人靜、萬籟俱寂時，議員吉野撥通小廣告上的電話。

"先生，我們的小姐各有各的美，你喜歡哪一款？"接線生問。

"我喜歡性慾超強型。"

接線生回覆有，並且隨即念出一串名單。

"櫻子，我要櫻子。"議員答。

（363）

面對已有二心的丈夫，衛小萍哭過、鬧過、求過，但丈夫去意已決，她只能被迫放手，被迫成為一名堅強的女性。

反觀尤勤勤，面對背叛，她不哭、不鬧、不求，她老公反而認慫。

你若問她施了什麼法術？其實也沒什麼，她把刀子架在老公脖子上，說："生是李家人，死是李家鬼，我先送你上黃泉道，自己隨後就到。"

（364）

羅勇和莊強是髮小，這麼多年過去了，感情一直沒變，這可不？當得知羅勇失業後，莊強立即拿出積蓄頂下一個熱狗攤，攤位就在體育中心附近。

知道莊強如此講義氣，羅勇決定好好經營熱狗攤，就想著有朝一日能歸還莊強所代墊的錢，然而這友誼的小船第二天就翻了。

"為什麼給我圍裙？"羅勇問。

"你嫂子認為能防止熱油濺到你的衣服上。"

"那麼圍裙上印的'來來熱狗'又是什麼意思？"

"熱狗攤有名字，熟客也好推薦給別人。"

其實羅勇並不介意穿圍裙，也不在乎熱狗攤有攤名，但對方問都不問一聲就強塞給他，讓他有些不爽。

鑑於莊強一向照顧自己，羅勇決定不再糾結，把剛出鍋的熱狗遞給莊強吃。

"親兄弟明算賬，我還是付錢吧！"莊強說。

羅勇怎麼也不肯收，莊強非要他收下，因為若不收，賬就對不上了。

"什麼意思？"羅勇問，感覺口乾舌燥。

"你嫂子……你嫂子以後會查賬。"

羅勇頓時感覺天旋地轉，原來自己是員工，而非老闆。

"可以呀！什麼時候？"羅勇打起精神答。

"每個月月底。"

"噢！忘了問，你打算給我多少薪水？"

"我跟你嫂子商量過了，本市的平均工資是4500元，就按那個給，應該沒虧待你吧？！"

熱狗攤昨天剛開張就賣了兩千多元，扣除成本也有一千，等於一個月能進賬三萬，而他的好兄弟卻只給他4500元打發。

"不用了，"羅勇脫下圍裙，"月薪4500元的工作到處都有，沒必要死守著熱狗攤。"

羅勇後來在離熱狗攤不遠的地方找到賣甜甜圈的工作，月薪只有3800元，但他對外說自己的月薪是4500元，一元不多，一元不少。

（365）

大野株式會社每年都會借用體育場舉辦運動會，藉以凝聚向心力，今年也不例外。重頭戲是下午兩點舉行的四百米接力賽，這支由會長、社長、專務和常務所組織的黃金隊伍非常受矚目。

槍聲一響，常務飛奔出去，然而即使使出渾身解數，依然殿後。悲催的是當專務接到常務遞過來的棒子時重重摔了一跤，雖然很快爬起，但大勢已去。奇怪的是另外三名選手竟然不約而同地相繼跌倒（而且不止一次），所以當專務把棒子交出去時，四支隊伍的接棒人差不多又站在同一個起跑線上。

拿到棒子的社長，滿臉通紅地往前跑，看得出來拼盡全力；反觀"陪跑者"……還差點兒意思。

當社長把棒子交到會長手中時，這位八十多歲老人跑五步走三步，時不時還得停下來喘兩口氣。

此時場邊的加油聲不斷，全是給會長的。

為了不負眾望，會長勉強"跑"完全程，順利奪冠。

說到此次運動會最可憐的莫過於與會長一起賽跑的選手，他們皆突發急病，可是場邊急救員卻完全不理會那三人……

（366）

黃惠玲的老公去世後，她鬱鬱寡歡了好一陣子。某天，她突發奇想，何不把他倆的愛情故事寫下來做個紀念？

想到做到，她立馬動筆。可惜塗塗寫寫幾個月後，她還是放棄了，自己的文筆沒想像中好，肯定過不了出版社那一關，這可怎麼辦？

思前想後，她決定請人代筆，而且為了能順利出版，她選擇網紅作家寧曼為代筆人。

剛開始，寧曼表現得興趣缺缺，直到黃惠玲提出給予三萬元的代筆費，同時版權費全歸她後，這才積極起來。

見到寧曼的第一眼，黃惠玲心想："好精緻的女人啊！"

寧曼同樣也打量起黃惠玲，不過卻心生懷疑，這麼粗糙的女人會有什麼了不起的愛情故事？

兩人坐下後，寧曼要了花果茶，黃惠玲只要白開水。

"沒有免費的白開水，只有依雲礦泉水，一瓶30元。"服務員說。

於是黃惠玲要了冰紅茶，那個便宜，只要20元。

這個女人的摳讓寧曼心生警惕，該不會到時候拿不到代筆費吧？！

"恕我直言，我的時間是收費的，妳不妨先匯一萬元過來表誠意。"寧曼說。

等黃惠玲打錢過來後，之前的緊張氣氛才一掃而空。

"談談妳和愛人的故事吧！"說完，寧曼開啟錄音筆。

"他是我的高中老師。"

"哇！師生戀，他是不是上學期間就對妳照顧有加？"

"不是這樣的,我們是好幾年之後才開始談戀愛。"

"你倆肯定早傾心於對方,否則不會那麼湊巧。"

聽寧曼這麼一說,黃惠玲努力回想,也許真是那樣。

"形容一下妳老公。"

"他戴眼鏡。"

"有書卷氣。"

"身高一米七。"

"玉樹臨風。"

"教歷史的。"

"溫文儒雅。"

"有潔癖。"

"擇善固執。"

"……

. . .

黃惠玲發現不論她怎麼說，寧曼都有辦法美化，就連老公微胖的身材也被她說成有"帝王之相"。

"對了，婚後你們住哪裡？"寧曼忽然問起。

"我們的收入買不起城市的房子，所以租房子住。"

"租房好，想住哪就住哪，自由得很！"

一個小時後，寧曼說差不多了，她這就回去寫稿。

"可……可是我還沒講完。"黃惠玲急了。

"放心，我已經收集到足夠的資料，妳就等著妳和老公的愛情故事流芳百世吧！"

一年後，黃惠玲收到寧曼寄來的小說《永遠說愛你》，書中的女主角黃惠玲閉月羞花，男主角邢佑風流倜儻，除了師生關係不變外，其他都很陌生。

"至少名字對上了。"黃惠玲自我安慰。

（367）

電影《黑色雲霧》獲得巨大的成功，口碑與票房雙雙告捷，身為小股東的馬叔自然喜上眉梢，因為根據參股合同，這次起碼能賺上兩翻。

老許聽說馬叔賺大錢後，趕緊不恥下問。

"你得有路子，普通人是進不去的。"馬叔頗為驕傲地答。

"兄弟，你也知道我那點兒工資根本無法實現財務自由，既然你有路子，何不帶上老哥我一起發財？"

馬叔很少成為別人羨慕的對象，加上老許又是認識十多年的朋友，他矜持了一下便答應了。

盈兆影業投資公司位於市中心的黃金地段，顧問小美接待了他們。與印象中的顧問不同，小美的表現像是新手，講話支支吾吾不說，時不時還尬笑兩聲，讓人不知該做何反應。

老許感覺這個小姑娘很不靠譜，還有，整個公司過於"新潮"，在他的想法裡，"老"公司才有保障。

大概小美察覺到客戶的不悅與抗拒，她搬來救兵——蔡經理。後者明顯老道很多，不僅口若懸河，還拿出各項資質證明，讓人一時看不出破綻來。

"這樣吧！我先把合同交給律師瞧瞧再下決定。"老許說。

"當然，謹慎是對的，不過我提醒你《追風2》的份額只剩八百萬元。這個數字說大不大，哪天若被拿走了，你可別後悔喔！"

《追風1》光亞洲地區就賣出十多億元的票房，大家無不對《追風2》寄予厚望，也就是說這項投資應該相當穩妥。

兩天後，老許的律師朋友告訴他合同無明顯問題，雖然部分約定偏向乙方，但還在合理範圍內。

又過了兩天，蔡經理發來消息，說份額只剩五百萬元。

老許仍三心二意，最後決定問馬叔的意見。

"要什麼意見？我已經認股一百萬元，這還不夠說明什麼嗎？"馬叔樂呵呵地答。

事已至此，老許一咬牙，把壓箱底的五十萬元全投了進去。

半年後，《追風2》以破竹之勢橫掃整個暑假檔的票房，這下子老許總算壓對寶，不禁喜形於色，所以當他遇到眉頭緊鎖的馬叔時，不僅不疑有他，還有心情開玩笑。

"你是不是錢賺多了，煩惱不知該怎麼花？"他問。

"什麼錢呦！公司已經人去樓空，我愁得不知如何是好？"

"怎麼會？"老許大驚失色，"公司會不會搬遷了？"

"有哪家公司搬遷會不告訴股東？我看這次是雞飛蛋打了。別說《追風2》，就連《黑色雲霧》我也尚未拿到分紅，因為電影上映起碼得好幾個月才能計算贏虧。"

老許不相信自己會被坑，尤其所有文件都有憑有據，他甚至問過片方，他們承認的確給過該公司份額。

警方接到報案後，要他們直接上法院起訴，理由是盈兆公司只得到一千萬元的份額卻賣出兩億多元（目前所知）的交易量，老許和馬叔已不是第一批受害人。

聽完，馬叔一口氣沒上來，當場倒地；老許好多了，只是走出派出所時，一時竟分不清東西南北。

（368）

洪氏夫妻來自他國，為了入鄉隨俗，取了個中國姓氏——洪。他們有一雙兒女，大兒子洪小棋就讀小三，小女兒洪小貝就讀小一，一家人過著其樂融融的日子。哪知幾個月後噩運忽然降臨，洪小貝吃了一塊花生餅乾後殞命。

"姚娜，妳不是說餅乾裡沒有花生嗎？"班主任問。

"我媽說沒有，妳可以問她。"姚娜急得快哭出來。

洪家的孩子都有嚴重的花生過敏症，所以孩子一入學，洪氏夫妻馬上拜託老師留意。這次意外是因為姚娜的母親烘焙了餅乾，讓她帶去學校給老師和同學們嚐嚐所引發的。當時班主任還特意問了姚娜，得到否定的答案後才允許洪小貝吃，哪知她因此喪命，班主任難過得好幾天吃不下飯。

失去心愛的女兒，洪氏夫妻傷心欲絕，沒多久便帶著兒子回國。

這件事除了給洪家及班主任帶來揮之不去的陰影外，還有一個人也背負枷鎖，那就是姚娜。雖然當時年紀小，她沒有受到任何懲罰，但不代表她好受，尤其自己的母親當著眾人面前撇清了說："我告訴過姚娜餅乾裡有花生醬。"

這樣的澄清無疑將姚娜推入萬丈深淵，同時也讓母女倆的關係越來越緊張，終至無法挽回。這一天，若不是醫生說再不見就永遠見不著了，估計姚娜還會找藉口推脫。

在病房裡，姚母對久未謀面的女兒露出笑臉，接著支開他人。

"娜娜，妳過來。"姚母說。

姚娜照做了，然後姚母在女兒耳邊低語：" 我是情報人員，洪小貝的父母也是。"

話音一落，姚娜淚如雨下，這麼多年的心結終於解開了。

（369）

焦砣與焦秤兩兄弟的個性不同，後來的境遇也大不相同。大哥焦砣很積極，哪裡有錢賺就往哪裡鑽，年紀輕輕就賺進第一桶金，從此人生就像開了掛似的；反觀小弟焦秤，從小不爭不搶，長大後找了個朝九晚五的工作，成為最普通的普通人。

面對截然不同的孩子，兩兄弟的父母總感慨老二不思進取，如果能像老大那樣該有多好。

話傳到焦秤耳裡，他不以為意，一個擁有大房子、豪華轎車、不菲的存款、胃潰瘍、焦慮症、長期失眠……的人，有什麼好羨慕的？

"你只要擁有前三項就好。"有人對他說。

"那可不成,一想到要如何擁有大房子、豪華轎車和不菲的存款,我立刻緊張起來,不信你試試。"

結果那個對焦秤提建議的人當夜便失眠了,從此三緘其口。

（370）

小吳買了一張彩票，他有強烈的第六感這次一定會中，結果連個安慰獎也沒有。

他很洩氣地走向附近的田野，一道閃電突至，擊中他的後腦勺，還好只是讓他短暫失去知覺，身體並無大礙。

朋友告訴他：" 據不完全統計，彩票中獎機率為千萬分之一，被雷劈中的機率則為百萬分之一，也就是說一個人中彩票的機率相當於被雷劈中10次。"

顯然朋友是勸他別買彩票了，因為中獎率太低，但小吳不為所動，當下期開獎日到來前，他還是買了，而且一買買了十張。

"現在我中彩票的機率等同被雷劈中。"小吳喜不自勝地說。

（371）

西元2068年,陳氏夫妻一同坐上無人駕駛汽車。到達目的地時,只有女人下車。

"今天還搞那個?"陳太太滿臉不悅,"你賺的錢全花在上面了。"

"人生最重要的是開心,妳做Spa開心,我說過什麼了嗎?"陳先生反問。

無人駕駛汽車繼續行駛,最後在一棟大樓前停下。陳先生跨出汽車走了進去,一路上有機器人在前面引路。

"不,我不喜歡這裡,我想坐在C5的位子上。"陳先生說。

"對不起，C_5已經有人坐了。"機器人答。

過去兩年，陳先生一直坐在C_5的位子上，從窗口往外看能看到非虛擬花園，每當看到那些真實的花朵競相怒放，總讓他心情愉悅，沒想到最後一天反而坐在別的座位上，怎麼說都是遺憾。

機器人走後，陳先生把文檔調出來做最後的潤色。幾個小時後，他按下"送出"鍵，不過幾分鐘的工夫，一本剛製作完成的書就被機器人送過來，封面是陳先生事先選好的。

"這是樣本，請查收。如果想加印或上架銷售網站，一個星期內打八折。"機器人說。

"知道了，我考慮考慮。"

過去兩年，陳先生把大部分的時間和收入都花在寫作體驗館上（雖然家裡也可以寫作，但氛圍不一樣），他一點兒也不後悔，因為現在的書籍大部分由機器人完成，真人創作者少，自然彌足珍貴。

回家後，陳先生立刻拿出書套，套上書套的書看起來像黃金一樣燦爛。

"總算我們陳家也有拿得出手的傳家寶了。"陳先生頗為驕傲地說。

（372）

彼得是一名非裔，平常專幹一些偷雞摸狗之事，算是這一帶的老混混。

這一天，他瞅著便利店內只有一名員工，遂心生歹念，入內實施搶劫。興許是運氣不佳，當他步出店外時，剛好被巡邏的警察給逮個正著。

"舉起雙手！"拿槍的白人警察命令著。

哪知彼得不僅不配合，還把搶來的"戰利品"扔向執法人員。這個挑釁動作徹底激怒了警察，彼得因此被按在地上摩擦。

"拜託！別搞死我。"彼得哀求著。

警察沒忘記自己的公權力曾被他踐踏，說什麼也要教訓一下這個不知天高地厚的混賬東西！

誰也沒料到最後會擦槍走火，終至無法挽回。

彼得一命嗚呼後，黑虎黨趁機崛起，並且以破竹之勢奪取了政權。

黑虎黨上臺後，追認彼得為烈士，並以最高規格厚葬他，墓碑上刻著：彼得，生於1981年，卒於2019年。其生也榮，其死也哀……

（373）

知道葉總入院後，探病的人一撥接著一撥，直到醫生宣佈病人有偏癱的風險後，這番熱鬧景象才戛然而止。

人走茶涼，但有一個人不一樣，那就是實習生小孟。這個小伙子剛進公司沒多久，知道葉總入院，並且有偏癱的風險後，仍隔三差五就上醫院來，不僅噓寒問暖，還把跑腿的工作攬在身上。

葉總看在眼裡，記在心裡。

誰也沒料到"可能"會偏癱的人，三個月後竟然奇蹟般地回到公司。

葉總重掌大權後，第一件事便是提拔小孟，這嚇壞了所有人……

・・・

"哥，今天我升職了。"小孟在電話裡興奮地說。

"成為正式員工了？"

"不，比那個更好，葉總讓我當他的祕書。"

"好好幹！咱家就等著你光耀門楣。"

"會的。對了，下班後一起慶祝，我請客。"

"好，你到醫院來接我，車子就停在住院大樓旁邊的停車場，省得我走。"

（374）

彈丸國不大，幾百年來一直相安無事，沒想到自從轄區內的小島被探測出含有巨量石油後，引起廣漠國的覬覦。這個與彈丸國比鄰的國家聲稱自己才是小島的主人，理由是他們的古書地圖上曾把該島嶼劃進版圖內⋯⋯

這個說法很牽強，因為彈丸國的國民已經在島上居住好幾百年了。

對於野心者而言，欲加之罪，何患無辭？當廣漠國派出軍隊佔領小島時，彈丸國的大學生肖恩立刻號召學生遊行示威，除了引起國際關注外，同時也向政府施壓（催他們表現出強硬的態度）。

還好關鍵時刻多國介入,廣漠國這才摸摸鼻子走開。

轉眼二十多年過去了,當初的熱血男孩肖恩已經成為彈丸國的總統,此時廣漠國又蠢蠢欲動,時不時派出軍艦在小島附近巡邏,挑釁的意味濃厚。

由於總統曾是捍衛小島的激進份子,大家無不期望他發表強硬聲明,然而他的態度卻很不明朗,甚至有點兒畏畏縮縮。

這激起國內的反抗情緒,遊行示威活動不斷。

"總統先生,再這麼鬧下去,我怕作亂份子會趁機闖進總統府。"國務大臣說。

不是總統認慫,而是彈丸國實在太小了,在國際上無足輕重,加上石油傳說只是個傳說(實際上一滴油也沒有),而且島上居民也因種種原因陸續遷出,基本已成無人島的狀態。換言之,如果把它賣給廣漠國換來和平也非壞事,因為彈丸國正經歷前所未有的債務危機,已經經不起戰爭的耗損和折騰。

思前想後，總統下令逮捕麥可，他是彈丸國的大學生，也是此次遊行活動的策劃者和精神領袖。

"二十多年前，你站在我的位置上，如今你卻逮捕我，這不挺諷刺的？"麥可說。

"等你站在我的位置上時，就什麼都清楚了。"總統答。

（375）

亭子是一位有名的詩人，在出版了15本詩集後，他決定改寫小說。他的詩迷們當然樂觀其成，網上討論的聲音相當熱烈。

等小說一正式發行，亭子迷余菲迫不及待就買了一本，可是才讀完第一頁，她便傻眼了。

男人不愛她了，她的心，碎了。噢！失戀是個苦果，她多想把苦果轉為青澀，再轉為甜蜜，然，這是不可能的，海枯石爛易，抓回男人的心，難於上青天。願時光倒流，她會為他改變，成為他喜歡的樣子。

今日,她起了個大早,想到男人不會這麼早起,遂又回到床上。翻來覆去後,她決定還是做一隻早起的鳥兒,為心愛的男人高歌一曲。

唱的什麼?唱的是回憶,是情懷,是那抹也抹不去的相思。

啊!愛情請歸來,因她已用盡全力愛他,毫不保留……

(376)

"怎麼回事？"謝醫生問。

"自殺，已經救回來了。"男人停頓了一下，"我來是希望你能為我太太刪除不好的記憶，自從被……被歹徒性侵後，她一直走不出來。"

謝醫生是全球第一位能將記憶刪除的人。

"讓我與妳太太談談。"謝醫生答。

談話過後，謝醫生判斷女人符合刪除記憶的條件，很快便安排夫婦兩人動手術。

"我？我不需要刪除記憶。"男人斬釘截鐵地說。

於是只有女人上手術檯。

手術結果很成功，男人的老婆完全記不起2017年3月8日那天所發生的事。

幾個星期後，女人的丈夫找上門來，還未開口，謝醫生便說："最快後天能為你安排手術。"

"謝謝！"男人感激地答。

（377）

蔣益堂是一家海鮮餐廳的老闆，某天，廚師慌慌張張地跑來報告："不好了，出大事了！"

他跟著廚師來到後廚，發現水缸裡的魚真的在"說話"，卟卟嚕嚕咯咯……的聲音不斷傳來。

"老闆，這怎麼辦？"廚師問，手中還握著一把刀。

天人交戰後，蔣益堂決定放生。

"那可不成，這條魚已經被預定了。"廚師說。

"沒事，我來處理。"

（378）

互聯網時代，作者大多通過電子郵件投稿，很少有人會攜帶紙質作品到出版社，所以當得知有這麼一號人物出現時，王總編下意識要前臺代為收下稿子。

"他不肯，堅持要親自遞交到你手裡。"前臺答。

王總編很煩這種人，決定冷處理。哪知對方很執著，一直等到下班鈴響。

"怎麼辦？他還在這兒。"前臺打來電話求助。

王總編想了想，該來的躲不掉，還是見見吧！

一見面，王總編才發現這是一位白髮蒼蒼的老者，趕緊請他坐下，又讓前臺泡來茶水。

"謝謝你肯見我，我從下午兩點等到現在。"老人說。

"抱歉！事情一忙就忘了。您的大作呢？我拜讀一下可好？"

老人小心翼翼地把稿子遞交出去，像上呈帝王玉璽一樣。

與對方的慎重其事不同，王總編邊閱讀邊心裡打鼓，這文章不行，待會兒可怎麼打發人？

彷彿有心電感應似的，老人語重心長地說："實話告訴你，為了完成這部作品，耗盡了我畢生的心血，如果還是無法出版，我寧願自盡……"

"別別別……"王總編嚇得差點兒心臟驟停，"您若死了，這部巨作就真的蒙塵了。"

"你的意思是……"

"我的意思是您的文章底子不錯，但有些許瑕疵，這超出我社能潤色的範圍，建議您試試別家。對了，跑這麼一趟遠路也不容易，這是兩百元，待會兒就打車回去吧！"

幾個禮拜後，王總編參加文學探討會，休息時間與其他編輯閒聊，發現他們都見過這名老人，同時給了幾百元不等的打車費。

被騙的感覺像吃了一坨屎，好在也就這麼一次，王總編心想就當花錢買教訓吧！

這一天，前臺打來電話，說有個作者想讓他看看稿子。

"妳收下吧！"

"他不肯，堅持要親自遞交到你手裡。"

王總編的心喀噔了一下，莫非上回的老人又來了？

前臺回答不是，這次是老人的同鄉，看著沒有八十也有七十歲了。

（379）

太陽國和月亮國大戰，打得天昏地暗、不可開支，根本沒空做飯，於是兩國將軍下令"打戰不打外賣員"，這也算是一條雙方都默認的潛規則。

然而馬有失蹄，太陽國一個不小心把月亮國的一位外賣員給射殺了，這下子月亮國的將軍怒不可遏，下令將太陽國的外賣員全趕盡殺絕。"不留後路"的後果便是雙方皆無東西可食，戰爭不得不暫停。

"等士兵都填飽肚子再打吧！"太陽國的將軍說。

"行，那就暫定五日後再打。"月亮國的將軍答。

結果等約定日一到，兩國皆按兵不動。

某個士兵忍不住問何時開打？另一名士兵推他一把，說："你傻啊！現在外賣員是高危人群，即使出高價也招不到人，如何開打？"

以後的數十年裡，兩國相安無事，倒不是出高價也招不到外賣員，而是兩國很有默契地取消外賣平臺，有違者，立斬！

(380)

汪鵬是個默默無聞的作者，即使把生活用度降到最低，也難免無米可炊。每當這時候，他就上黃昏市場撿拾人家不要的菜葉子，回去用開水燙一燙，再灑點兒鹽巴就著吃。

他的母親看不下去，把他接回家，從此三餐有了著落，但換來的是"啃老"的壓力。這壓力壓得他喘不過氣來，他盼著自己能早日成為暢銷書作家，好解除壓力。

這一天，午後的風吹得他昏昏欲睡，迷迷糊糊中，他看到一個背後有光的人。

"汪鵬，你有什麼願望？"那人問。

"你是誰？"

"別管我是誰，趕緊許願，否則就錯過了。"

也不知是真是假，但汪鵬照做了，他希望自己成為暢銷書作家⋯⋯

醒來後，他笑出聲來，做的什麼亂七八糟的夢？

結果幾天後他收到出版社的回覆，要他簽出書合同。

汪鵬高興壞了，等了數月之久，終於等來好消息，他還以為這次會像前幾次一樣石沉大海。

出書的過程相當順利，發行後的第二個月還衝上暢銷書排行榜前十。汪鵬終於名利雙收，可是有件事讓他很不解，那就是網上鮮少有人討論他的作品，這是怎麼回事？他決定到書店探一探虛實。

走進書店，他發現最顯眼處擺著他的作品《鬼魅》，經過的人都不忘拿上一本。汪鵬隨機挑中一名女士，她剛買下他的小說。

那位女士離開書店後，往一家咖啡店走去，汪鵬也跟著進入。

"給我美式。"女士對服務員說。

咖啡送來後,她邊喝邊讀《鬼魅》,眉頭緊鎖,臨走前並沒有把書帶走。

"妳忘了妳的書。"汪鵬提醒她。

"我不要了。"

"書寫得不好嗎?"

"糟透了!我也不知道為什麼要買它,簡直邪乎!"

現在的汪鵬每年都能收到一筆為數不少的版權費,早已從三十平米的窩居搬到能看到江景的複式公寓,但他一點兒也不開心,反倒越來越沮喪。

"哎!這德不配位的滋味可真不好受。"他心想。

（381）

在朋友的鼓勵下，曹禺軒參加了一個據說非常特別的相親活動。

"別怕，主辦單位很重視核實信息，所以絕對不會有騙婚者混進來。"朋友對他說。

好是好，但曹禺軒一沒房二沒車，存款也不多，現在遇上一板一眼的主辦單位，連"稍微美化"一下自己的機會都沒有，豈不是雪上加霜？

到了活動現場，工作人員問清楚他的名字後，幫他穿上尼龍馬甲。

"為什麼穿這個？"曹禺軒問。

"這是我們的活動特色,待會兒你就知道了。"

相親以茶會的方式進行,根據工作人員的介紹,只要看對眼了就可以牽手離開。

曹禹軒有些膽怯地走過去,與想像中不同,他的到來受到女孩們的熱烈歡迎,她們爭先恐後與他談話,直到一名帥哥出現,混亂的場面才緩和下來。

"妳怎麼不過去和那個長得像彭于晏的人說話?"曹禹軒對"留下來"的女孩說。

"我比較喜歡你。"

難得遇到如此直來直往的女人,曹禹軒頓時眼前一亮,接著問:"妳喜歡我什麼?"

"誠實、果敢、堅強、不卑不亢、忠黨愛國。"

聽到最後一項,曹禹軒忍不住噗嗤一笑。

"對了,還有笑起來很迷人。"她補上一句。

曹禹軒何時曾有過這樣的待遇？不禁有些飄飄然，但理智告訴他在投入感情前得先問清楚狀況。

"妳家要多少彩禮？"他問。

女孩立即轉身，曹禹軒這才注意到馬甲的背面羅列了女孩的基本信息和要求。

"三……三十萬？"曹禹軒話都說不利索，因為他的銀行存款連十萬都達不到。

這還不是最悲催的，女孩同時要求男方在市區有一個不小於100平米且無貸的住房，另外還要一輛不低於20萬元的轎車。

曹禹軒正想打退堂鼓時，女孩笑眯眯地說："傻瓜！你不一樣。第一眼看到你，我就有怦然心動的感覺，所以彩禮、房子、車子等，我通通不要。"

聽到這個回答，曹禹軒幾乎要喜極而泣，這不是他苦苦尋找的女孩嗎？

"要不，我們牽手離開？"他嘗試一問。

女孩毫不猶豫就伸出手來，曹禹軒正想去牽時，工作人員慌慌張張地向他跑來，說："對不起，搞錯了，這馬甲才是你的。"

當女孩看到曹禹軒的真實信息後，扭頭就走。

成功拿到馬甲的工作人員隨後跑向另一個男人，他已經無人理睬很久了……

（382）

元肖在市場裡賣帶花紋的煎餅果子，雖然與眾不同，但顧客的反應普遍不好，因為做得再漂亮，還不是進到肚裡去，何苦多花兩塊錢？還有，製作的時間過長，耽誤上班、上課，得不償失。

後來元肖轉戰遊客雲集的步行街，由於租金翻了兩翻，他將原本賣價七塊錢的煎餅果子上調至20元。

"看！餅皮上還有花紋，太美了！"遊客紛紛讚歎。

後來有人將製作過程上傳到網上，網民們前仆後繼而來，元肖的攤子成了打卡地，隊伍排得老長，他賺得盆滿缽滿。

換了地的煎餅果子還是那個煎餅果子，但元肖已不再是那個元肖。

（383）

大家都說韋莉緹任性，沒辦法，人長得美，學習成績又好，家裡還寵著，即使脾氣捉摸不定，自有人受著。這可不，尤昱星就是其中一位。

"寶貝兒，妳吃什麼？"尤昱星好聲好氣地問。

"別喊我寶貝兒，噁心死了！"她翻了翻白眼，"我吃什麼，你不清楚嗎？"

尤昱星紅著臉對站在一旁的服務員說："給我們A餐，兩份。"

韋莉緹不樂意了，她才不吃A餐，說自己要的是B餐。

服務員走後,尤昱星小心陪說話,害怕又惹得公主不開心。

沒多久,餐廳裡走進兩個人,他們是韋莉緹的朋友,被韋莉緹招呼著一起坐下。

結賬時,韋莉緹讓尤昱星去買單,完全沒提AA(各自付賬)。

諸如此類的事層出不窮,換做別人,早發火了,但尤昱星沒埋怨,反而練就一身"打不還手、罵不還口"的本事,而且姿態擺得很低很低,只差跪下來磕頭膜拜。

韋莉緹非常滿意尤昱星的表現,把他從追求者的角色提升到男友,再從男友的角色提升到未婚夫,最後攜手走入婚姻殿堂。

完婚後的第一個夜裡,剛送走鬧洞房的人,尤昱星一轉身就給韋莉緹一個巴掌,說:"遊戲才剛開始。"

（384）

健一的一天就是社畜（社會畜牲）的寫照，早上7:30起床，回家時已是夜裡11點，加班已成常態，甚至是一種文化。饒是如此，這還是他擠破頭才覓得的工作，一旦辭職，立馬有人頂上，嚇得健一不敢生病、不敢有怨言，生怕一個不小心就加入龐大的失業大軍。

反觀翔太，大學畢業後回老家準備公務員考試，第一年沒考上，第二年沒考上，第三年還是沒考上。他的父母勸他放棄，到外面找份工作，任何一種都行。結果一入求職市場，他立刻打消成為社畜的念頭。

現在的社畜健一，每個月能賺30萬日元，看似不錯，但大都市的消費高，一個月也沒能省下多少錢。

反觀翔太，一週有四個家教，吃飽可以，吃好是不可能的，好在他住在家裡，房租省了，日常生活也少有其他開銷，算是基本達到養活自己的目標。

後來日夜操勞的健一得了胃癌，當他離世的消息傳來時，翔太剛失去一個家教，這下子連養活自己也有困難，他思忖是不是該去便利店兼職，好度過此次難關。

以上是健一和翔太的悲哀，要怪也只能怪他倆當初為何要含著木湯匙出生，哪怕是不鏽鋼做的，日子也會好過很多。

（385）

由於疫情嚴峻，機票票價大漲。為了省錢，董老太太從美國飛回國內大費周折，花了足足兩天的時間，把七十多歲的她折磨得有夠嗆！

白麗妃就是在國內機場偶遇董老太太，聽她這麼一描述，心生同情，如果不是手頭不寬裕，她大可買直飛航班，也就不那麼辛苦了。

"老太太，您這次回來是探親還是訪友？"白麗妃問。

"都不是，而是仲介通知我房子賣掉了，就等我簽字。"

白麗妃的腦子裡浮現一間位於郊區的簡陋房子。

"賣了多少錢？"她又問。

"3750萬元，賣便宜了。"老太太嘆了一口氣，"沒辦法，現在提倡房住不炒。"

白麗妃連吞了好幾口口水，這老太太可真是深藏不露。話說回來，那麼有錢的人為什麼一大把年紀還折騰自己？

雖然心有疑問，但白麗妃沒問出口，倒是老太太自己把"自虐情節"又多添加了好幾個章節，包括生病也死扛著（因為沒買醫療保險）、家裡沒空調（只有一臺用了二十多年的老式電風扇）、天天上黃昏市場買菜（便宜不止一星半點）……等。

"您有那麼多錢卻不享受，這跟沒錢有什麼差別？"白麗妃忍不住問。

"還是有差別，一個有錢卻一毛不拔的人比沒錢卻慷慨解囊的人受歡迎，這是我總結出來的人生道理。"

"那麼何不做一個有錢卻慷慨解囊的人？"

"妳想害死我嗎？"董老太太反問。

（386）

寒流來襲，路上的行人少之又少，華鋒看到路邊有個流浪漢正在寒風中瑟瑟發抖，惻隱之心油然而生。他脫下身上的羽絨服給那個可憐人，沒想到⋯⋯

"滾！我就想凍死，別礙著我！"流浪漢罵道。

幾個禮拜後，另一撥寒流來襲，華鋒在路邊又看到一名流浪漢。他走過去，凝視那個可憐人好一會兒後，問："你想不想凍死？"

剛好路過的艾玲心想："這世上怎麼會有如此可惡之人？竟然在別人的傷口上撒鹽！"

（387）

明星作家金敏浩最近登上熱搜，原因在於他被老東家（質樸出版社）給告上了法庭。

"庭上，金敏浩的作品《大盜傳奇》已於去年年底與質樸出版社解約，再無干係，我的委託人對於挨告一事感到莫名其妙。"金敏浩的律師說。

質樸出版社的律師也不是吃素的，立即提供兩份材料，一份是《大盜傳奇》的原稿，另一份則是經出版社潤色過後的版本。

"庭上，"質樸出版社的律師開口了，"從材料上看，內容出入挺大的。金作家不續約可以，但利用潤色版本與其他出版社合作是侵犯了我方的權利，我方的訴求是立刻下架已出版的書籍並對我方的損失進行賠償。"

法官並沒有當庭宣判，而是擇日再開庭。

話說審理此案的孫法官是金敏浩的忠實粉絲，家裡擺滿了他的作品，沒有一本落下。之所以沒有立即宣判，部分原因是孫法官想了解原稿和潤色版本之間的差距有多大。

7月28日，質樸出版社狀告金敏浩一案再次開庭，雙方仍針鋒相對，但已改變不了什麼，因為孫法官早已心如明鏡，他最終宣判金敏浩侵權成立。

金敏浩不服，揚言會上訴。

上不上訴是被告的權利，孫法官不予置評，倒是他從此再也不相信所謂的明星作家所寫的明星作品了。

（388）

秦先生的老婆因病去世,最近他動了再娶的心思,通過朋友介紹,他認識守寡兩年的何女士。接觸幾個月之後,他問何女士對於結婚有什麼想法和要求?

"我覺得結婚挺好的,兩個人可以互相照顧,只要你不嫌棄就行,沒什麼要求。"何女士答。

秦先生一聽大喜,開始著手準備結婚事宜。消息傳開後,何女士的女兒暴跳如雷,言明彩禮18萬,少一個子兒都不行。

"這彩禮是誰收著?"秦先生問。

"當然我收著。"何女士的女兒答。

"怎麼是妳收著？"

"萬一我媽離婚或又守寡，還不是由我照顧，當然我收著。"

秦先生不高興了，一言不合，不歡而散。

何女士看著好好的姻緣被女兒給破壞了，在家裡歇斯底里地哭鬧。

"妳氣什麼？"她的女兒滿腹委屈，"當初妳要小虞給18萬彩禮，少一個子兒都不行。現在我又沒多要，還是18萬，不是嗎？"

（389）

杜嘉簡直不敢相信女神徐薏會答應嫁給他，高興得好幾晚都睡不著。

幸運之事還不止此，結婚當月便有了闖門喜，杜嘉就要當爹了，他雀躍不已，然而……

"我不知道該怎麼對杜嘉說，他完全沉浸在喜當爹的興奮當中。"

"……"

"這不在計劃內，如果一定要做出選擇，我寧願離婚也不打掉。"

"……"

"妳別勸了,即使當單親媽媽,我也有能力將孩子撫養長大。"

關上房門講電話的徐薏絲毫沒察覺老公就站在房外,並且一字一句全聽進耳裡去。

有那麼幾秒鐘,杜嘉想到廚房拿菜刀砍死這個女人和她肚裡的孩子,但冷靜過後,他發現他愛徐薏至深,到了她怎麼待他都無所謂的地步,只要她不離不棄。

既然如此,杜嘉也只能把委屈往肚裡吞,但陳衛夫那小子的種是不可能留下來,他還沒神聖到養情敵小孩的程度。

思來想去,一個邪惡的念頭油然而生。

轉眼五十多年過去了,彌留之際的杜嘉把老大單獨叫進病房內,告訴他很久以前自己所做過的缺德事。

"我已經原諒你母親,希望你也能原諒我。"杜嘉有氣無力地補上一句。

"爸,你記不記得媽去世前也曾把我單獨叫進病房內?當時她對我說,如果某天你祈求原諒,那就原諒你吧!當年你買通護士換孩子一事,她早知道,之所以沒鬧開是因為後來能感受到你的內疚和加倍地對她好……"

杜嘉聽完,血壓驟然升高,眼看一口氣就要喘不上來。

"爸,你怎麼了?"杜家老大慌了手腳,趕緊跑到病房外,"醫生……醫生……快!我爸好像不行了。"

（390）

帛琉的水母湖曾是海的一部分，由於地壳運動，海床升高，逐漸形成與外海隔絕的鹹水湖。湖中原有的海洋生物隨著養分消耗完畢而滅亡，只剩下靠少量微生物就能生存的水母。由於天敵消失，這些水母喪失了用以防身的體內毒素，從而成為地球上獨一無二的"無毒水母"……

"今晚我和朋友聚會，不回家了。"于凱對妻子樂樂說。

"好的。"

"對了，跟妳提到過的投資項目……"

"我爸媽說風險太大，不過別擔心，錢我有，過幾天就取出來給你。"

樂樂是于凱見過最心無城府的人，一旦博得她的信任，就像得到免死金牌，可以一路暢通到底。

剛開始，于凱也曾懷疑樂樂在演戲，直到她的父母把他單獨約出來談話，他才知道世上竟然有如此單純且毫無防備心的人。

"哎！都怪我們把她保護得太好，接觸的人都是篩選過的，誰知道……"

準岳父話說到一半，但于凱懂的，若不是那天樂樂親自開門取快遞，也不會認識送快遞的他，然後有了後來的發展。

"我們的要求有兩個，"準岳母接棒，"一是你入贅進來，同時少和原生家庭來往；二是讓樂樂永保赤子之心，別讓她看到世上醜陋的一面。"

于凱點頭如搗蒜，能娶到首富之女，什麼條件都接受。

幾年過去後，樂樂還是看到醜陋的一面，她快速轉移資產，並且僱用一支傑出的律師團隊，讓出軌的一方淨身出戶。

"騙子！你們全家都是騙子。"于凱聽到宣判後對著前妻及其家人怒吼。

打贏官司後的樂樂徹底變了，她不再輕易信人，尤其當關乎到錢時，她比任何人都精明。

"是時候把家族企業交給她。"樂樂的父親說。

樂樂的母親點頭。

世上哪有真正的無毒水母，不過是時機未到。

（391）

"你好歹也出去工作，家裡老的老，小的小，你爸還病著呢！"巫啟鳴的母親說。

"你每天打扮得像個猴子似的，給家裡掙過一分錢沒？我又要上班，又要照顧老小，一根蠟燭兩頭燒，現在連白頭髮都有了。"巫啟鳴的老婆說。

每當這時候，巫啟鳴總有"燕雀安知鴻鵠之志"的無力感。成功需要包裝，如果還像從前一樣，累死了也無法達到階級跨越，什麼時候才能出頭？

他的家人見說服不了，只好找來記者幫忙。

"你每天除了看書和打扮光鮮外,還做了什麼?"記者問。

巫啟鳴表示成功需要閱讀和衣裝,這兩項他都有,離成功也就不遠了。

記者隨手翻開書架上一本名為《成功祕籍》的書,光看各章節的名稱就知道成功不止靠閱讀和衣裝。

針對記者的疑問,巫啟鳴答:"我知道不止這兩項,但只有這兩項是我能做到的,其他都太難了。"

（392）

老國王臨終前把二王子和宮相叫到床前。

"你們二人要好好輔佐新國王，他已經那樣了，靠的也只有你倆了。"老國王氣若游絲地說。

大王子出生時出了點兒問題，現在雖已成年，但心智一直停留在孩童時期。

老國王交待完後事便撒手人寰。

次日，新國王繼位。加冕典禮上，傻子國王高興得手舞足蹈，在場嘉賓們無不面面相覷。

某天，二王子告訴宮相："我哥對香蕉過敏。"

"我知道,這方面我已交待下去,絕對萬無一失。"

結果同樣的話,二王子說了又說。

宮相一琢磨,這是不是在暗示自己什麼?

後來傻子國王因誤食香蕉而殞命,二王子怒懟宮相:"我不是一再提醒你,怎麼還會有這種事情發生?"

宮相無言以對,只能默默接受被罷黜的命運。

次日,二王子繼任國王,新宮相對國王唯命是從。

這個國家總算又有了新氣象!

（393）

導演把可喜的角色給了別人，卻把一個備受爭議的角色給了自己，陳淼氣不打一處來，立即給製作人施壓。

"羅製作，如果非給我這個角色，那只能下次再合作了。"陳淼說。

羅製作很討厭被威脅，但能怎麼辦？陳淼最近很紅，得罪不起。

陳淼最終得到她想要的角色。

娛樂圈更新的速度飛快，不到兩年，陳淼的人氣嚴重下滑，可是再怎麼著也不該讓她演中年母親，陳淼還不到30歲，看著也年輕。

"羅製作,如果非給我這個角色,那只能下次再合作了。"陳淼說。

"如果不接這個角色,下次也不用合作了。"羅製作答。

其實這部戲原本沒陳淼什麼事,是羅製作指定讓她接媽媽的角色……

（394）

別看富豪巴希爾在商場上精明得很，其實他一直有抑鬱傾向，嚴重起來甚至會自殘，直到刷視頻時看到一個小女孩Maggie，她的笑容治癒了他的憂傷，巴希爾的人生才又出現曙光。

女孩的父母聽說巴希爾想認Maggie當乾女兒，一開始很排斥，接觸過後發現這個人其實挺好的，如果自己的女兒能因此擠入上流社會，不也是美事一樁？於是點頭同意了。

巴希爾對乾女兒極好，小小年紀就名牌加身，她甚至擁有一抽屜的名貴珍寶和一輛不符合她年紀可以使用的法拉利。

等Maggie入小學的年紀到了，巴希爾安排她入讀本市最昂貴的女校，不幸的事也因此發生。

"Darling，"巴希爾親吻Maggie的臉頰，"今天學校有什麼新鮮事？"

"今天老師問起你。"

"問起我？問我什麼？"

"老師問你有沒有親我和抱我？我答有，然後她把我父母叫到學校去。"

此時的巴希爾還沒察覺有異，一個小時後接到Maggie父母的電話，他才意識到事態嚴重。

"為什麼要解除認養關係？"他問。

"因為你對Maggie過度親熱，我們得保護她。"

掛上電話，巴希爾心如死灰，想到天使就要離開他，生活還有什麼意義？

隔天，巴希爾從公寓頂樓往外一跳，結束了生命。

Maggie的父母認為巴希爾肯定是做了不可饒恕之事，所以向女兒逼問"真相"，然而結果卻不符合他們的認定。

"不可能，如果真是那樣，他何必跳樓？"Maggie的母親說。

"沒錯，這是顯而易見的畏罪自殺。"Maggie的父親說。

見父母顛倒是非，Maggie很痛苦，從此不再展笑顏，也很少說話，醫生說她患上了創傷後應激障礙，這下子巴希爾的罪狀又多添一筆。

對於Maggie的父母來說，肯定得有人為這個不幸的家庭擔責，那就是巴希爾，至於真相是什麼，已經沒那麼重要了。

（395）

週末,沈銀月參加一個聚會,一位中年男子向她走來,神祕兮兮地說:"我看到一個小孩鑽進妳的肚子裡。"

十年前,沈銀月曾墮胎過,男子的話讓她膽戰心驚,莫非⋯⋯

"那個孩子多大了?"沈銀月問。

"大概這麼高。"男子比了個高度,"會跑會跳。"

沈銀月鬆了一口氣,沒對上號。

沒想到男子來上一句:"陰間的計時方式和陽間不同哦!"

這下子沈銀月慌了，問孩子為什麼會鑽進自己的肚子？

"那得問妳呀！"男子答。

"我……我……我怎麼會知道？"

"那就麻煩了，本來想幫妳化解，看來不需要。"

沈銀月後來給了男子兩萬元，讓他將"亡靈"請走。

幾個星期後，沈銀月又參加一個聚會，一位中年婦女向她走來，神祕兮兮地說："我看到一個小孩鑽進妳的肚子裡。"

沈銀月的心喀噔了一下，問："那個孩子多大了？"

"大概這麼高。"婦人比了個高度，"會跑會跳。"

"沒對上號，我的孩子如果還在，現在應該已經娶妻生子了。"

結果婦人來上一句："陰間的計時方式和陽間不同哦！"

沈銀月一聽大怒，一把抓住婦人的前襟，說："回去轉告方文龍，馬上把我的兩萬元匯過來,否則我讓他吃不了兜著走!"

婦人大驚失色,緊接著落荒而逃。

沈銀月頓時五味雜陳,想當年若不是懷上女嬰,她也不致於……

（396）

許文嵩發現一位老人在地下道販賣自費印刷的個人作品，在徵求老人同意後，他把視頻發到網上。

某天，他收到一封來自出版社的私信，大意是希望能聯繫上老人本人，也許能幫他出版。

許文嵩沒有回覆。

幾年過去後，許文嵩靠著拍攝"默默耕耘的藝術家們"走紅，而那些藝術家截至目前為止仍在"默默耕耘"。

（397）

天牛是食植性昆蟲且從不挑食，但也難抵連年乾旱所造成的饑荒，不得不全體遷徙。可想而知，落難的天牛們所到之處皆不受歡迎，只有蟻后為它們大開方便之門。

進到螞蟻王國的天牛們終於有了擋風遮雨的住所，同時也不再捱餓，但這不表示它們心悅誠服，因為蟻后總把最髒、最累的活分配給它們，天牛們對此頗有怨言。

這一天，螞蟻和天牛又因一件小事起齟齬，而且越鬧越大，最後竟上升到肢體衝突。蟻后一看苗頭不對，下令驅趕天牛。

天牛早積壓了很多不滿情緒，見蟻后翻臉不認人，立刻揭竿而起，反將螞蟻王國殲滅……

這又是一個"忘恩負義"的例子，但天牛們卻不認同，因為這明明是反霸凌！

(398)

陶宏是暢銷書作家,他的每一部小說都能引起廣泛的關注和討論。

某天,助理告訴他有少數人給他的新作《戰國風雲》打一星,問他怎麼辦?

"別理!就當沒這回事。"陶宏答。

果然喜歡《戰國風雲》的讀者還是佔多數,很快分數就拉上來了。

三年後,陶宏又出新書,這次他主動問助理有沒有人給差評?

"有,但不多。"助理答。

"買水軍,快!"陶宏說。

助理很不解，但照做，很快輿論便站在陶宏這一邊。

備註：自從兩年前在浴室跌倒傷到頭部後，陶宏便不再下筆如有神，但書還得出，誰讓他與出版社簽下"五年出版兩本書"的合同，只能硬著頭皮上……

（399）

今天一早醒來，小張發現他的臉上長了兩個藤壺，即使刻意用手遮擋，室友小黃還是發現了。小黃一發現，小趙和小許當然也發現了，他們聯合起來取笑小張，小張難為情極了，恨不得挖個地洞鑽進去。

沒想到才半天的工夫，小張所在的312室全數中招，他們的臉上都長了為數不等的藤壺。

茲事體大，校長決定隔天就報告衛生部，結果還沒等到清晨的曙光照進校園，整個S大的人全感染了。

這個傳染的速度也太驚人了！

當逍遙市市長想著該上報中央還是隱瞞起來獨自解決時,電視新聞傳來全國都感染的消息……

"你得等水燒開了再放姜和鹽。"小張說。

"我媽說先放再燒水。"小黃說。

"別大聲嚷嚷,待會兒宿管阿姨又要上門囉嗦。"小趙說。

"誰先來?"小許拿著小刀說。

312室正在違反宿規煮夜宵,出鍋後的藤壺無需再放味精,撒點兒蔥花就很好吃。

（400）

蝸牛爸爸對小蝸牛說："想吃好樹莓就得往上爬，最上面的樹莓可好吃了！"

於是小蝸牛拼命地爬呀爬，花了好幾天的工夫終於爬到最頂端，也終於吃到父親口中那些好吃的樹莓。

"兒呀！好不好吃？"蝸牛爸爸在樹下喊。

"好吃。"

蝸牛爸爸很得意，自己的體力大不如前，只能吃靠近樹根的樹莓，如今兒子小小年紀就吃到最頂端的，這不是挺驕傲的事？

其他蝸牛爸爸見狀，也要自己的孩子照做。

當所有的小蝸牛都拼命往上爬時，蝸牛爸爸們全長舒一口氣，現在總算有口吃的了。

作者介紹

在異國的背景下加入纏綿悱惻的愛情故事是B杜小說的一大特點，她的文筆清新、筆觸詼諧、畫面感很強，讀完小說有種看完一部愛情偶像劇的感覺，特別適合懷春少女及對愛情有憧憬的女性閱讀。

另外，B杜還創作了系列小說（馬力歷險記、極短篇故事集、巫覡店等），歡迎關注。

ALSO BY B杜

《B杜极短篇故事集(301～400)》（简体字版）A Word to the Wise (Tales 301～400 in simplified Chinese characters)

***

《法蘭西情人》Love in France

《東瀛之愛》Love in Japan

《新西蘭之戀》Love in New Zealand

《英倫玫瑰》Love in England

《愛在暹羅》Love in Thailand

《情定布拉格》Love in Prague

《獅城情緣》Love in Singapore

《愛上比佛利》Love in Beverly Hills

《夢回楓葉國》Love in Canada

《早安，歐巴》Love in Korea

《我在蘇黎世等風也等你》Love in Switzerland

《迪拜公主的秘密情人》 Love in Dubai

《馬力歷險記 1 之地球軸心》 The Adventures of Ma Li (1): The Time Axis

《馬力歷險記 2 之黃金國》 The Adventures of Ma Li (2): Eldorado

《馬力歷險記 3 之可可島寶藏》 The Adventures of Ma Li (3): The Treasure of Cocos Island

《B杜極短篇故事集 (1～100)》 A Word to the Wise (Tales 1～100)

《B杜極短篇故事集（101～200）》A Word to the Wise (Tales 101～200)

《B杜極短篇故事集（201～300）》A Word to the Wise (Tales 201～300)

《巫覡咖啡館之梧桐路篇》The Witch & Warlock Café on Wutong Road

www.ingramcontent.com/pod-product-compliance
Lightning Source LLC
Chambersburg PA
CBHW021144080526
44588CB00008B/213